＼斉藤先生！／

小学生からの英語教育、親は一体何をすればよいですか？

元イェール大学助教授
英語塾 J PREP代表
斉藤淳

アルク

Contents

Contents

第4章 グローバルエリート教育について教えてください 241

Contents

わが子になぜ英語を学ばせるのか？

「小学生英語の目的について」という、いかにも英語教育書の序章らしい見出しをつけてみましたが、私はここで英語を学ぶメリットについてとうとうと語るつもりはありません。本文のなかで随時触れますし、そもそもすでにメリットを感じているからこそこの本を手に取られたと思うからです。

それに子どもが英語を苦手としていて一向にうまくならなかったとしても、その子の未来がお先真っ暗だと言うつもりもありません。英語ができなくても社会に貢献し、輝かしいキャリアを築き、幸せな人生を歩む方法はいくらでもあります。

また、小学生で学び始めた英語で思うように実力を伸ばせなかった生徒が、中学校以降に実力が伸びたりする例もあります。中学入学段階でアルファベットの順番がわからなかった生徒が、高校3年生では海外トップ大学を目指す実力を身に付けた実例も目撃しました。

では、なぜこのような見出しにしたのか。

それはこの本を手に取られた大人、とくに親御さんに対して、**「なぜ小学生のわが子に英語を学ばせるのか？」を一度、冷静に考えていただきたい**と思ったからです。

これは私たちの塾にお子さんをお連れになる親御さんと対峙するなかで、いつも感じている疑問でもあります。小学校高学年くらいになると子どもの意志で入塾される家庭も増えますが、小学校低学年以下の場合、親御さんの意志で連れてこられる子どもがほとんどです（子どもが英語好きでその支援方法を知りたいだけの親御さんも、参考になることがあるはずなので、しばしお付き合いください）。

私の経験上、子どもに英語の早期教育を施したい親御さんが抱く「目的」は、だいたい次の3つに集約できます。

❶世界の名門大学を卒業するなどしてグローバルエリートとして活躍してほしい！
❷中学受験や大学受験対策として、英語を武器にしてほしい！
❸日本脱出を含む、将来の選択肢を増やしてあげたい！

みなさんはどれに当てはまるでしょうか？

目的次第でやるべきことは変わる

ここでまずお伝えしたいことは、**「目的」すなわち「ゴール」が変われば英語学習でやるべきことも、レベル感も変わるということ**です。「そんなことは当たり前だろう」と言われそうですが、目的を曖昧にしたまま自分の子どもに「あれをしなさい。これもしなさい」と詰め込もうとする親御さんは少なくありません。

たとえば、ＹｏｕＴｕｂｅで小学生向けのサッカー動画を作るとしたら、プロのスカウトも注目している天才児と、所属チームでレギュラーを取りたい子どもと、サッカーをやったことがない子どもでは伝えたいことが変わるはずです。サッカー初心者に「体幹を意識しろ！」とか「ポジショニングが大事だ！」と教える必要はないはずで、いかにサッカーが面白いスポーツであるかを知ってもらうことに全力を注げばいいわけです。

英語も一緒で、**目指していることによってやるべきことは変わります**。だからこそ「なぜわが子に英語を学ばせるのか？」という問いが重要になるのです。

「子どもを海外の名門大学に入れたい！」というご家庭であれば、小学生のうちにやるべきことは山積みです。英語をみっちり勉強する必要があるだけではなく、英語のニュースを観たり、英字新聞を読む習慣なども必要になるかもしれません。子どもの思考力や表現力、学習に対するマインドセットなども早いうちから醸成していかないといけないでしょう。しかもそれらは教育機関に入れたら確実に身に付くようなものではなく、本人の特性や家庭環境も重要になってきます。逆説的ですが、米英のトップ大学入試課は、親の意向だけで受動的にトレーニングされた受験生を嫌う傾向もあります。長ずるに及んで、本人が望み、主体的に学ぼうという姿勢を見せない限り、海外名門大学入試は成功しません。

そこまでの目標はなくても、目的が国内の受験に受かれば良いという考えであれば、進学塾や英検に特化した塾などに通って「受験英語」や「資格英語」といったニッチな英語をひたすら勉強する方法もあります。私たちの塾では英語力や思考力を総合的に鍛え、結果として受験や資格に受かるという方針なので「受験や資格の目的化」は奨励しませんが、そういう選択肢もあります。また試験を中間目標にすることで学習の動機を維持することは、十分に現実的な選択肢です。

3つ目の「将来の選択肢を増やしてあげたい！」という親御さんは最近多いですね。芸能ニュースを見ても子どもをインターナショナルスクールに通わせたり、教育目的で海外移住したりする事例が増えています。たしかにいまの日本に明るい材料は乏しく、激烈な受験戦争を経て国内の有名大学に入り、晴れて日本の大企業に就職できたところで待っているのは安い給料と市場の縮小とグローバル経済の大波です。そんななか、「最悪の場合、日本を脱出してほしい」と考える親御さんが増えるのは自然なことでしょう。しかし、私自身は、こうした前提自体が怪しいと考えています。少子化や市場の縮小は、今となっては先進国だけでなく新興国でも起こっている課題ですし、生まれ育った共同体を見捨て、機会主義的に漂うだけの英語遣いは、どこに行っても尊敬されない危険性と隣り合わせです。

どのようなケースを想定しても、英語自体の習得目標をどこに置くか、英語以外のスキルをどのように獲得するか、そうした目的設定や過程に親御さんがどのように関与すべきか、簡単な答えはありません。

のっけから素っ気なく書いてしまいましたが、教育者として誠実に生徒や親御さんに向き合うほど、生徒の学習データを丁寧に分析すればするほど、**「安易な正解には飛びつかないほうが良い」と警鐘を鳴らし続けなければならない**と思うのです。

小学生英語の肝は「英語嫌いにしないこと」

さて「目的が変われば やるべきことが変わる」と書きましたが、**どんな目的であろうと小学生英語で共通している「やるべきこと」がひとつだけあります。**

それは、**子どもを「英語嫌いにしないこと」**です。

「英語好きにすること」でも「英語をペラペラにすること」でも「英検に合格させること」でもなく、**「英語嫌いにしないこと」が小学生英語で大人側が常に意識したいことであり、この本で私が一番伝えたいメッセージ**です。

小学生は伸びしろしかありません。将来の選択肢も無限にあります。それなのに、何かの負の体験をきっかけに「自分は英語が苦手だ」「英語って面倒くさい」「英語は楽しくない」「英語はツラい」といったネガティブな感情が植え付けられてしまうと、大人になるまでその印象を引きずりがちです。その子が非凡な語学センスを持っていたとしても、**小さいときの躓きがトラウマとして残って、英語と距離を置き、選択肢を狭めてしまう。これは本当にもったいないこと**です。

そんな悲劇が起きるくらいなら早期に英語を学ばせないほうがまだマシです。語学学習は生涯続くものであり、小学校で英語をやらなくても挽回の仕方はいくらでもあります。どれだけ英語の魅力を伝えても本人が興味を示さず、スポーツや楽器や趣味などに没頭したいというなら、「英語をやらせるのはいまではなかった」と割り切って、子どもがやりたいことをやらせてあげたらどうでしょうか。数年後、なにかがきっかけで英語に興味を示したり、必要性を感じたりする時期がくるかもしれません。そのときに改めて周囲の大人がバッと動き、学習環境を整えたり、子どもの背中を押してあげたりするサポートができれば、それで十分だと思います。

また、小学生の時代に英語学習で成果があったとしても、中学生以降に学び続けなければ、あっという間に追いつかれたり、さび付いたりしてしまいます。この点は、大人も一緒です。語学で上達したければ、努力を続けなければならないのです。

だからこそ、**「嫌いにならない」こと、「学習を放棄するきっかけを作らない」という消極的な目標を持つことが、長期的な成功の鍵**と言えます。

親の焦りが子どもに過度の負担をかける

そもそも英語嫌いはどんなことをきっかけに起こるのか？

それは、**周囲の大人が子どもに過度の期待と負担をかけたとき**です。言い方を変えれば、**大人が理想のレールを敷いて理想のペースで走らせようとしたとき**です。

自由に楽しく英語と触れ合っているだけならプレッシャーはないので、少なくとも英語嫌いにはなりません。でもそこに大人が介入しすぎて、大量のドリルをこなすことを強制したり、行きたくもない英会話レッスンを受けさせたり、子どもの英語に毎回ダメ出しをしたり、受験のプレッシャーをかけたりしだすと、ある日を境に「英語は楽しい」が「英語はツライ」に変わってしまいます。

英語嫌いにしないためには、「（本人が望んでいないのに）勉強っぽい雰囲気にしない」「失敗しても怒らない」「完璧さを求めない」「理想を押し付けない」といった、子育てでよく言われる「待ちの姿勢」が重要になります。

しかし、この「待ちの姿勢」が多くの親御さんにとっては難しい。近所の同世代の子どもが流暢に英語を話せることを知ると「その点、うちの子は……」と焦ってしまいます。子どもの将来を案じるのは自然なことですから、焦る気持ちもよくわかります。しかし、この「親の焦り」が強くなりすぎると、知らず知らずのうちに子どもに過度の負担をかけることになりやすいので注意が必要です。しかも当の親御さんは「この子の将来のために」と思っていますから、負の影響を及ぼす可能性に気づいていない人が少なくありません。

だからここでも先ほどの「なぜわが子に英語を学ばせるのか？」を冷静に考えてみることが重要になります。**「親御さんが考える目的」が「子どもがやりたいこと」や「子どもができること」と一致するとは限らない**からです。

たとえば、私たちの塾に視察にこられる親御さんのなかには、「うちの子は将来、アメリカかイギリスの名門大学に入ってもらって」と、さもそれが当たり前のことのようにおっしゃる方がいらっしゃいます。たしかにここ数年、日本の高校から海外の名門大学に進学する事例がニュースとして取り上げられるようになりましたし、私たちの塾からも毎年のように進学者はいます。しかし、冷静に考えればそれは「普通のことではないからニュースになる」のであって、誰でも行けるわけではありません。

私がかつて指導し、アメリカの有力大学に合格した生徒の話をすると、一時期音大に進むことも考えていたくらいバイオリンが上手で、コンクールで入賞したりする生徒がいました。さらに高校の模擬国連で自校チームを率いて国際大会に出場し、ベストペーパー賞を受賞。東大模試を受ければ全国2位。大学教員に指導を受け、化学の研究もこなす、そんな生徒でした。

「そんな神がかった子がいるの⁉」と驚かれるかもしれません。しかし、実際にイエール、ハーバード、スタンフォードにはこれくらいの水準の高校生たちが世界中から願書を送ってきて、その狭き門を巡って競争をするわけです。バイオリンが得意な生徒であれば、スタジオを借り、ピアノの伴奏者を手配し、演奏をレコーディングして大学に提出します。

このように海外の名門大学に進む子どもは、小さなころから神童扱いされるだけでなく、自発的な努力を怠らずに成長していったわけです。

小学校低学年の子どもを地元のサッカー教室に入れるときに「うちの子は将来、プレミアリーグで活躍する予定なので」と言う親御さんはあまりいないと思うのですが、**教育の話題になるとなぜか「過度の期待」が起きやすい**。これは小中高大の国内受験全般にも言えることです。極端な学歴主義に囚われ、子どもに大きなプレッシャーをかけ続ける親御さんはいまの時代になってもたくさんいます。またこれは日本だけではありません。

もちろん私たちも教育のプロですから一人でも多くの生徒が英語好きになって、世界で通用する英語力を身に付けてほしいと願っています。難関中に合格した、名門大学に受かったという報告を受けたら素直にうれしいです。

しかし、**実際にそうした高みに届く生徒は、大人が敷いたレールに乗り続けた子どもではなく、勉強を主体的に楽しんできた子どもの方が圧倒的に多い**のも事実。それはある意味必然で、大人に勉強を強制させられる子どもは早々に英語嫌いになって英語を断念することが多く、母数から消えるからです。

英語嫌いで済むならまだマシかもしれません。親の期待に押しつぶされてメンタルを病む子、親御さんとの間に修復不可能な亀裂が入る子の実例も目にしてきました。

私は早期教育自体を否定するつもりは一切ありません。子どもに期待をかける親御さんの気持ちも否定はしません。しかし、教育虐待には断固として反対します。

これがこの本の基本スタンスです。

教育虐待の形にしない方法はシンプルで、「大人主体」ではなく「子ども主体」で物事を考えること。

周囲の大人の役割は、「楽しい」「うまくなりたい」「続けたい」といった子どもの前向きな気持ちをいかに作り出し、増幅させるかを意識して学習環境を整えることです。

それができたら、あとはとにかく見守ること。多少のレールは敷いても脱線は当たり前くらいに考えましょう。子どもが失敗と試行錯誤を続けているなら、それを称えてあげましょう。そして子どもが一歩でも前進したら、子どもと一緒に喜んであげましょう。

英語に限らず学びの主導権は子どもにあるべきです。「私は英語が苦手だったので子どもにはなんとか」といったリベンジマッチの手段として子どもを使ったり、親同士のマウンティングのために子どもを使ったりするなどもってのほかです。

と、随分重たい話から入ってしまいましたが、早期教育は得てして教育虐待につながりやすいため、編集者に無理を言って、あえて単独の章として書かせていただきました。

以前、ラグビーの全日本代表を務めたある選手に直接聞いた話なのですが、「誰も足を引っ張らなければ上手くいく」のがラグビーというスポーツだそうです。お子さんの英語教育も、高い目標を持つからこそ焦らない、のっけから躓かないことを考えた方が、最終的に上手くいくのです。**小さな失敗があったとしても、後で修正すれば良い。そのぐらいに楽観的に考えて地道に続けていった方が、最終的に上手になる**、ということをお伝えしたかったのです。

このあとの章からは、親御さんからよく受ける質問に私が答えていく形で、小学生が英語を学ぶ際のポイントや参考になりそうな情報をいろいろ紹介していきます。1章では小学生英語全般のよくある質問、2章では家での英語学習について、3章は受験英語の話題、そして4章は海外大学進学を含む、グローバル教育について取り上げました。

ぜひこの章で述べたことを頭の片隅に置きながら読み進めてもらえればと思います。

では、本題に入りましょう。

第1章

小学生英語についてよくある疑問

Question 01

小学生から英語を学ぶメリットはなんですか？

Answer

「音声の基礎」を身に付けやすいことです

小学校のカリキュラムに英語を導入すべきだという議論は80年代のバブル期あたりからはじまりました。「グローバル化が進んでいるのに日本人の英語力は相変わらず低い。その原因は従来の英語教育にある」ということで、英語教育の前倒しを主張する声が高まったのです。その主張の是非はともあれ、事実として英語教育の早期化は進み、大学入学段階で求められる英語も、年々高度化していると言えます。

小学校に英語指導が全国的に導入されたのは2002年から。「総合的な学習」

の一環としてスタートし、2011年からは「外国語活動」として必修化。2020年からは3、4年生が「外国語活動」、5、6年生は成績がつく「教科」として、徐々にその役割が大きくなっています。

小学生への英語の導入にあたって慎重派が常に指摘してきたのが、「英語の前に日本語だろう」ということ。日本語力を犠牲にしてまで英語を学ばせる価値が本当にあるのか、という意見です。私は英語塾の運営者という立場ではありますが、慎重派の意見も理解できます。

そもそも**従来の日本式英語教育がうまく機能しなかった理由は、スタートが遅かったというより、英語の教え方の順番を間違えていたから**です。従来の日本式英語教育ではいきなり文法から入りましたが、音声面の指導が「手抜き工事」でした。日本語母語話者にとって、何よりも英語の音が難しいのに、そしてローマ字は英語の音を再現する上であまり役に立たないのに、やっつけでローマ字、カタカナ発音で文法から教えていたのが、私たちが中学生だった時代の学校英語でした。英語の文字と音声の導入さえ工夫すれば、中学1年生から英語を本格的にはじめても、4技能をバランスよく習得することは可能です。それは私たちの塾でも実証済みです。

では、小学生のときから英語を学ぶ意味がないのかといったら、もちろんそうではありません。

小学生から英語を学ぶメリットは、音声の基礎が身に付きやすいこと。これが断トツの理由です。

ここでの「音声の基礎」とは英語独特の音の「聞き分け」と「発音」だけではなく、「文字から音を」、「音から文字を」を想像する、音素認識のスキルも含みます。

日本語と英語の違いは「文法の違い」「語彙の違い」「発音の違い」の3つに集約することができます。このうち、英語を学んでいく上での基礎として大切なのが「発音の違い」です。なぜなら英語特有の「音の違い」を理解していないと、いつ

までも会話が円滑にできないだけでなく、実は読み書きの習得にも悪影響を及ぼすからです。

しかし、日本語母語話者にとって「音の違い」は非常にハードルが高いものです。というのも英語は日本語と比べて音が非常に複雑な言語だからです（次節で解説します）。その微妙な音の差を耳で捉え、発声することは、年を取れば取るほど習得が難しくなります。とくに外国語習得は、学習のスタートが遅れるほど母語である日本語の発音が化石化し、カタカナ英語に引きずられる傾向が強まります。遅くスタートした場合は、英語音声学に基づく指導を受け、練習する機会がないと、なかなか矯正できません。発音記号と解剖図を見ながら、舌の位置を矯正したり、口の開き方を調整したり、こうした努力が必要になるのが、大人の発音矯正です。長年の発音の癖を後で修正していくのは大変です。こうした学習者を見ていると、この人たちがもっと早期に発音練習をしていたら、もっと楽に上手になっていたのに、中高生の間の練習時間がもったいなかったな、と思います。

その点、**この「音の違い」の基礎トレーニングを脳も口の動きも柔軟な小学生のうちに受けることで、中学生以降の英語学習全般が効率的になります。**中学生以降、読解や作文のスキルを習得していく過程で重要になる練習方法は「音読」です。複数形や三人称単数形の作り方、比較級、最上級の活用、不規則動詞の活用などの文法知識も、発音に基づいて組み立てられているのが英語という言語なのです。音声の基礎を作っておいた方が、後々の練習が楽になるのです。

たとえば、アメリカの現地校に3年通った帰国子女の兄弟がいるとしましょう。渡米時、兄は中学1年生、弟は小学4年生だったとすると、帰国時の読み書きの力では兄の圧勝でも、発音の力では弟の圧勝だったりするのは、年齢の違いからくる帰国子女あるあるです。

小学生のうちに音声の基礎を完璧にマスターできなくても大丈夫です。英語と触れる経験を持つことで、**「日本語と英語の音って違うよな」と感覚的に理解できているだけでもその後の学習に大きな意味があります。**逆に、日本語の音韻体系だけにこだわるようになると、中学生以降の英語学習が円滑に進まなくなる可能性があります。日本語は、ほぼすべての表音文字（＝カナ文字）に母音がのっかっていますが、英語は子音だけで発音することも多いのです。また英語の発音に気をつけることで、国語の音読でも日本語の音声やリズムに注意を払う姿勢が身に付くことがあります。

- 英語学習のスタートが遅れるほど、カタカナ英語に引きずられやすい。
- 「音声の基礎」が身に付けば英語学習全般の効率が上がる。

Question 02

小学校の英語の授業では何をやっているの？

Answer

中学校以降の英語学習の基礎づくりを行っています

いま小学校で行われている英語活動および英語指導は、親御さん自身が子どものときに受けていないこともあり、イメージが湧きづらい方も多いかと思います。また、従来の日本型英語教育に対する不信感も根強いため、「どうせまた意味のないことをやっているのでは？」と心配される方もいるでしょう。

逆に受験英語での成功体験を引きずっている親御さんの場合は、ついつい子どもに対して「主語は？」「目的語は？」「これは前置詞でしょう」「訳して」とやってしまいがちです。そうではなく、**後々の学習で役に立つ基礎を培うことが、小学校英語の目的**です。

結論から言えば、いま日本の**公立小学校で行われている英語指導は、自治体による差はあるものの、方向性はまったく間違っていない**と思います。むしろ短期間で現場がよくここまで対応したなと驚くくらいです。視察に行くと、子どもたちが楽しく英語と触れ合っている光景を目の当たりにできます。

具体的な手法については各学校（自治体、教育委員会）に委ねられていますが、大きな流れで言うと**3、4年生の英語活動では「聞く」「話す」を中心に行い、5、6年の教科としての英語授業では「読む」「書く」が増えていきます**。文法指導については体系立ったものは行いませんが、子どもたちが混乱しそうなところがあれば「こういうパターンが英語にはあってね」といった形で教えることはあります。

参考までに小学校学習指導要領（平成29年告示）に書かれている外国語活動（3、

4年生）と外国語科（5、6年生）の目標を抜粋しておきます。

●**外国語活動の目標**

外国語によるコミュニケーションにおける見方・考え方を働かせ、外国語による聞くこと、話すことの言語活動を通して、コミュニケーションを図る素地となる資質・能力を次のとおり育成することを目指す。

●**外国語科の目標**

外国語によるコミュニケーションにおける見方・考え方を働かせ、外国語による聞くこと、読むこと、話すこと、書くことの言語活動を通して、コミュニケーションを図る基礎となる資質・能力を次のとおり育成することを目指す。

このように扱う4技能の違い以外に、3、4年生はあくまでも素地づくり（準備体操のようなもの）で、5、6年生から基礎編に入っていくという立て付けになっています。

以前の学習指導要領では5、6年生が「聞く」「話す」を中心としたアクティビティを行っていたわけですが、「音声の基礎が身に付かない（時間が足りない）」「中学英語との接続が悪い（いきなり文法中心に変わる）」「学習意欲が低い子どもが多い（年齢的にごっこ遊びを嫌う子どもが増える）」といった課題が明らかになっていました。いまの学習指導要領は、こうした課題をかなり意識して作られていると感じます。

5、6年生になると英語嫌いが増えるという課題は、実はいまのカリキュラムでも現場の先生が抱える悩みだそうです。論理的思考が得意になり、さらに自我も芽生えてくる年ごろなので、文法のルールなどを細かく教わらないままに「楽しく英語を学びましょう！」というノリについていけない子どもが一定数いるためです。

そういう意味では小学校の段階から文法をもう少し教えてもいいのではないかという気もしますが、**英語の「耳」がある程度できる前に文法指導をやりすぎると、「正確さ」に重きを置きすぎ間違えるのを怖がり発話したがらなくなる、いったん日本語で考える癖がつき応答がぎこちなくなるなどの結果につながりやすく、その加減は難しい**ところでもあります（これは民間の英語講師にも共通する悩みです）。この段階では、単語や決まり文句について、あまり文法的な説明などは深く考えずに、「発音できる」、「音読できる」を優先したほうが良いと言えます。

ちなみにこの本で再三強調していくことになるフォニックスの重要性に関しても、どこの教育委員会も共通理解としてあり、3年生からの英語活動で扱うのはもちろん、1年生から導入している学校もあります。

「小学校の先生に英語が教えられるの？」という疑問もあるはずです。この点については現場が一番痛感していますから、多くの学校では先生が直接教えなくてもクリックひとつでオールイングリッシュの授業運営ができるデジタル教材が導入されていたりします。

最後の気になる問いとしては、「小学校の英語の授業がそれなりにしっかりしているなら、それ以上やる必要はあるの？」ということでしょうか。これについては各家庭が求める英語のレベルによって変わるとしか答えられません。**もし中学校以降の英語の勉強にスムーズに入っていくことができ、なおかつ発音もきれいになってほしいという話であれば、小学校の授業だけでも足りる可能性はあります。それ以上を求めるのであれば家庭学習を足したり、英語教室に通ったりすることが必要になるでしょう。**

POINT

- **公立小学校の英語指導の方向性はまったく間違っていない。**
- **高い英語力を求めるなら課外学習が必要。**

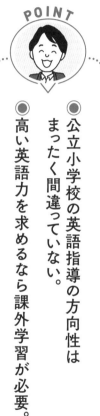

Question 03

「英語活動」のような遊びだけでは話せるようにならないのでは？

Answer

遊びを通して覚えたフレーズが中学校以降に活きてきます

音の吸収が早いこと以外の小学生ならではの特徴として、断片的な情報の記憶が得意ということが挙げられます。体系的なことを考えたり、論理的に理解したりすることは難しくても、英語のアクティビティで楽しく歌った歌のフレーズや単語などは結構覚えていたりするものです。

「断片的な知識では役に立たないのではないか」と思われるかもしれません。そんなとき私はいつも旅行のガイドブックのたとえをします。

旅行用にガイドブックを買い、市内観光の予行演習をしようと本を開いてみたのに中身がまったく頭に入らなかった、という経験はないでしょうか。でもいざ現地に行き、街の中心部を少し散歩しただけでガイドブックに書いてある情報が急に入ってきやすくなる。それは、**実体験を通してガイドブックのなかにひとつアンカーのようなものができることで、ただの文字情報が意味を伴って解釈しやすくなる**からです。

英語学習でも同じで、英語の知識がない子どもに「感情を表す形容詞の後ろにto不定詞がくると、副詞的用法であり、その感情の原因を示す」と教えても、「なるほど！」と言える子どもはいません。でも、小学生のときの英語活動であいさつの練習をしていて「Nice to meet you!」というフレーズを覚えていたら、中学生以降に文法を教わったときに「ああ、Nice to meet you! ってそういうことだったんだ」と一気に理解が進むはずです。理解し、定着した文法については、語句を入れ替えたり応用させたりしていくこともできるようになります。

音声付きの絵本でも、デジタル教材でも、ディズニー映画でも構いません。意味はおぼろげにわかるぐらいでもOK。小学生のときは不定詞の名詞的用法、副詞的用法とかいう文法用語とは無縁に、英語を楽しんでいれば十分です。

それらの活動は中学生以降に細かい文法のルールなどを本格的に学んでいくときに一気に開花します。学習指導要領では「素地」と「基礎」という表現を使っていましたが、**小学生英語は将来のために「土壌づくり」と「種まき」をしていると思いましょう。活動の分だけ、中学生以降の「収穫量」が増えるイメージです。**

気を付けたいのは親御さんがその様子を見て「ずいぶん中途半端だなぁ」と焦って文法指導を無理やりしたり、「全然効果が出ないじゃないか」と落胆して英語教室などをやめさせたりすることです。

これは小学生向けの英語指導をする身として一番悩ましい問題でもあります。土壌づくりなのでわかりやすい成果として親御さんに報告しづらいのです。たとえばフォニックスを完璧に聞き分け、発声できるようになった子どもがいて、「この子はいいセンスをしているなぁ」と講師が思ったとしても、その子が英検5級の試験で落ちてしまったら親御さんは「なにも身に付いていないじゃないか！」と怒り出す。こういうことが本当によくあります。

でも、そうかといって英検合格だけを目的化すると、「楽しい英語」が「つらい勉強」に変わり、子どもが英語嫌いになるという私たちが一番避けたいことが起こるリスクがあります。

語学は一朝一夕では身に付きません。長い目で見てあげてほしいと思います。

- **小学生は断片的な情報の記憶が得意。**
- **成果が見えづらい時期でも長い目で見守ろう。**

Question 04

英語はなぜ「読み」が難しいのでしょう？

Answer

文字と音の対応関係がいい加減な言語だからです

ショート動画などを見ていると、英単語の読み方で「なんでそうなるの!?」と非英語圏の人たちがツッコミを入れる動画をたまに見かけます。実際、英単語の読み方は一筋縄ではいきません。そこには英語が発展してきた歴史が関係しています。

もともと古英語（オールドイングリッシュ）を話していた人たちは、北欧文字の一つであるルーン文字を使っていました。そこにヨーロッパから侵略した人たちがローマ・アルファベットを持ち込んだことで、英語をアルファベットで表記するいまの形に変わります。

その結果何が起きたか。**「音の種類に対して文字の種類が足りない！」**という問題が起きたのです。

英語は母音が20種類ありますが、母音で使う文字は5文字しかありません。この時点でそもそも無理ゲーに近いわけです。

そしてアルファベット26文字から母音を引くと、子音用に21文字が残りますが、21文字に対して子音は何種類あるかというと、25種類あります。ここでもまた文字が足りません。しかも、ｃもｋも［ｋ］という同じ音を表すなど、無駄遣いもしています。英語は文字が足りず、音と文字の対応関係もいい加減な言語なのです。

ここで発音記号が読めなくても気にせず、何かの音だと思ってお付き合いいただきたいのですが、たとえばｔとｈが続いたら誰も「トハ」とは発音せず、［θ］や［ð］

と発音します。これは、アルファベットでは文字が足りないので2文字1音ルールを作って別の音を出すように工夫しているからです。chを［tʃ］と発音したり、shを［ʃ］と発音するのも同じです。母音についても、cutは［kʌt］（カット）と発音しますが、単語の後ろにeを入れるとcute［kjuːt］（キュート）になります。これはマジックeと言い、母音をアルファベットの読み方で発音するという目印です。

このように、**英語は文字と音の対応関係が複雑に入り組んでいます。**これがフォニックスの規則なのですが、英語を母語にする子どもにとっても、これを習得するのは一苦労なのです。

実は、そのしわ寄せを直に受けているのは、英語を母語もしくは第一言語とする、いわゆるネイティブの子どもたちです。たとえばアメリカでは小学校0年生にあたるキンダーガーテンから1年生にかけて、読みの超基本となるフォニックスをひたすらこなします。そこからレベルに合った本を読み続け、徐々に正しい読み方やスペルを覚えていき、ようやく4年生くらいになって普通に本が読めるようになります。

つまり**アメリカでは3年生くらいまでひたすら識字教育をやっているようなもの**です。

日本では未就学児でもひらがなとカタカナを頼りに自力で絵本が読める子がたくさんいますが、アメリカだとごく一部です。文字が読めないと他の科目の勉強もはかどりませんから、英語圏で教育熱心な人は幼少期の識字教育に全力を注ぎます。

また文字と音の対応関係のいい加減さから英語圏では読み書きを苦手とするディスレクシアの人の割合が10％くらいいると言われています。日本では5％くらいですから約2倍。これも言語の特性から生じる差ではないかと言われています。

以上のことから2つのことが言えます。

ひとつは**日本語を母語とすることをハンディキャップだと思う必要はない**ということ。小学校低学年からいろいろな本を読めることはアドバンテージです。

もうひとつは、**子どもが日本語の読みを覚えたときと同じペースで英語も読めるようになると勘違いしない**こと。ネイティブでさえ数年かけて読み方を学ぶわけですから、日本の子どもも、楽しみながらでいいので、コツコツ練習を続けないといけません。

英語の識字教育の2本柱はフォニックスと多読です。多読といってもいきなり自力では読めないので、デジタル教材などをうまく使って「正しい発音を耳で聞く→文字をなぞりながら真似をする」ということを、いろんな本で繰り返しましょう。

これを逆手に取るなら、**外国語である英語を、英語母語話者に遜色ないような驚くようなスピードで吸収できる子どももいる**ということです。母語である日本語で本を読む習慣を身に付けていれば、そして本が好きなら、フォニックスを介して外国語である英語を音読し、徐々に多読に移行することで、かなり高い英語力に到達できる子どもたちもいます。

とくに未就学児から小学校低学年にかけての子どもたちについて言えることとしては、**落ち着いて一定時間本を読む、これを楽しむ態度を身に付けることが重要**で、そこをすっ飛ばして英語、英語とがなり立てても絶対に上手く行かないということです。

- **英語は音の種類に対して文字の種類が足りないので、不規則な読み方が多い。**
- **読みを覚えるにはフォニックスから入り、多読へ移行。**

Question 05

フォニックスとはなんですか？どう勉強すればいいですか？

Answer

各アルファベットの代表的な音です。「Phonics Song」で検索しましょう

英語をはじめて勉強するなら、**まずはフォニックスをマスターする。これが英語学習の超鉄則**です。中高生や大人で英語を勉強中なのにフォニックスを学んだことがない人は、いまやっていることは脇に置き、フォニックスをやってみてください。それくらい重要な意味を持つスキルです。

そもそもフォニックスとはなにかというと、**各アルファベットの組み合わせを正しく発音するための規則**です。まずアルファベットですが、a、b、cを[ei][bi:]

[si:]「エイ、ビー、スィ」と発音するのは長音です。これは文字の名前の読み方ですので「名前読み」とも言います。これに対して、アルファベットを短く読むとき（短音）は[æ][b][k]、大雑把にカタカナ表記をするならば「ア、ブ、ク」になります。つまり、それぞれの文字を短く読むときの一番代表的な読み方をまずは習得しようということです。

「代表的」というのは英語ではひとつのアルファベットに複数の読み方があるからです。たとえばAなら[ei][æ][ʌ][a][a:]といった読み方ができますが、「短音」の練習をするときは[æ]と発音します。æは「アッシュ」という文字ですが、指二本半分縦に口を開け、「エ」と発音すると大体は正確に出せます。

覚え方の基本はフォニックスソングをひとつ、何度も繰り返すことでしょう。

ABCの歌を英語のリズムで歌えるようになれば、とりあえず長音はカバーできます。その上で、短音を覚えていきましょう。

A [ei] is for apple. a [æ], a [æ], apple

といった具合で、長音と短音の練習を組み合わせながら、Zまで行きます。「Aの短音はなんだろ?」と思ったら、apple の発音を思い出せばいいという仕組みです。

アメリカのキンダーガーテンではフォニックスソングの動画を毎日クラスで観て、楽しみながらフォニックス音を自然と覚えられる授業をしたりしています。ご家庭の場合は動画を観るためのモチベーションをつくらないといけませんので、**親子で歌うのがおすすめ**です。車移動をされる方はBGMとして流すのもいいと思います。

フォニックスを知らない子どもは、単語の音を丸暗記しないと読めません。しかし、**フォニックスを学んでいれば、フォニックス音を組み合わせていくことで、はじめて見る単語でも音を再構成し、ある程度は正確に発音する（読む）ことができる**ようになります。もちろん、ひとつのアルファベットに複数の読み方があるのでフォニックス音だけですべての英単語を正しく発音できるようになるわけではありませんが、かなり近い音は出せるようになります。

そしてこれこそ子どもが英語学習の自走ができるようになるための第一歩になります。

さらにフォニックスを知っていれば、音から文字を想起することにも役立ちます。たとえば［rais］という音を聞いて文字を書くとき、フォニックスがわかっている子どもなら、「rice」あるいは「ries」「ris」など書けるはずです。いきなり正解でなくても構いません。それでも「lice」や「raisu」と間違えることはなくなります。綴りとしては正解ではありませんが、初学者の間であれば音を正しく拾っているという意味で、正解です。

英語の文字と読み方を習得するために、家庭でできる練習方法

子どもが英語の文字と読み方を習得するために、家庭でできる練習方法を紹介します。同時並行もしくは先行して、ひらがな、カタカナを覚える練習をしてもまったく問題ありません。

❶ABCの歌を歌い、文字を覚える。

日本語リズムではなく、あえて英語リズムのものを歌う

日本語リズムのABCソングでは、「エル、エム、エヌ」で一呼吸おいて、「オー、ピー、キュー」ですが、英語リズムのABCソングは、LMNOPを一気につなげて発音します。また、「Now I know my ABC's. Next time won't you sing with me?」で締めくくりますが、ここは親御さんも下手でも構わないので、英語っぽくものまねしましょう。何度か歌っているうちに、親御さんの発音も上手になるはずです。普段話す日本語に比べ、1オクターブぐらい低く発音してみるとなお良いでしょう。発音もさることながら、一緒に声を出して楽しい時間を

過ごす意識付けが重要です。たまに日本語リズムのＡＢＣの歌も歌い、比べてみても面白いでしょう

❷ＡＢＣの大文字、小文字をトレースし、徐々に文字を発音しながら書けるように何度か練習する

文字を書く練習をする前に、筆圧が十分か、普段からお絵描きや塗り絵などで文房具に親しんでいるか、慎重に見極めましょう。楽しみながら、徐々に徐々に、が基本です。

トレースは、正しい書き順を習得する上でも効果的です。以前、アルファベットの書き順にこだわるのは日本人だけという説を聞いたことがあります。書き順は、過度にこだわる必要はありませんが、速く正確に書くためには、トレーシング教材ですすめられている書き順が合理的です。学年が進んでもｂとｄの区別ができない、しばしば書き間違える生徒を指導すると気づくことですが、そうした生徒は書き順が一定ではなかったり、合理的ではない書き順をしていたりすることが多いのです。

❸自分の名前、身近な看板、お菓子のパッケージなどに書いてあるアルファベットを読んでみる。

いきなりフォニックスではなく、文字を知ることがなぜ役に立つのか、具体的な名前と、文字を結びつける経験があったほうが望ましいと言えます。文字を知り、上手に発音することが楽しいという感覚を得ることも非常に重要です。アルファベットの読み方と、実際の発音にちょっとしたズレがあることを経験し、その上で短音の練習に入ります。

❹アルファベット26文字の、最も頻繁に使われる読み方を練習する。

語頭の短音を発音できるようになったら、次に子音・母音・子音パターンで構成される3文字単語を読む練習をします。cat / bed / sit / dog / cut などが代表例ですね。

ここから先は子ども用フォニックスの教材、絵入り辞書の活用をおすすめします。マジックe、2文字一音のルールをおさえた上で、次に取り上げるサイトワーズを練習すれば、子ども向けの絵本はほぼ正確に音読できるようになります。

POINT

- フォニックスこそ英語学習の超鉄則。
- フォニックスは文字から音、音から文字への変換の手助けになる。

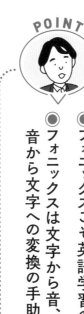

Question 06

フォニックス読みに該当しない単語はどうすればいいですか？

Answer

頻出の単語は「サイトワーズ」として丸暗記していきます

英語圏の子どもたちは学校でフォニックスを学んだあと、サイトワーズ（Sight Words）と呼ばれる一群の単語を覚える作業に入ります。

サイトワーズにはフォニックスのパターンに該当しない超頻出の単語が多く含まれています。「見て覚えるしかない」という意味の「Sight」です。どの単語がサイトワーズに該当するのか明確な決まりがあるわけではないですが、英語圏ではDolch WordsやFry Wordsと呼ばれる分類がよく使われます。

ネイティブの子どもたちはサイトワーズの読み方だけでなくスペルまで覚えさせられますが、**日本の小学校低学年ならサイトワーズを正しく読めるようになるだけで十分**です。

なぜなら**フォニックスを学び、サイトワーズの読み方も覚えてしまえば、子ども向けコンテンツに登場する英単語はほとんど読めるようになる**からです。

読むだけで十分ということは、わざわざ詰め込みの暗記作業をさせなくても子ども向けの絵本などを音声付きで多読していれば、自然と覚えていくものでもあります。

参考のためにDolch Wordsでカバーしている単語の一覧を紹介しておきます。

Sight Words [Dolch Words]

Pre-primer
a, and, away, big, blue, can, come, down, find, for, funny, go, help, here, I, in, is, it, jump, little, look, make, me, my, not, one, play, red, run, said, see, the, three, to, two, up, we, where, yellow, you

Primer
all, am, are, at, ate, be, black, brown, but, came, did, do, eat, four, get, good, have, he, into, like, must, new, no, now, on, our, out, please, pretty, ran, ride, saw, say, she, so, soon, that, there, they, this, too, under, want, was, well, went, what, white, who, will, with, yes

Grade 1
after, again, an, any, as, ask, by, could, every, fly, from, give, going, had, has, her, him, his, how, just, know, let, live, may, of, old, once, open, over, put, round, some, stop, take, thank, them, then, think, walk, were, when

Grade 2
always, around, because, been, before, best, both, buy, call, cold, does, don't, fast, first, five, found, gave, goes, green, its, made, many, off, or, pull, read, right, sing, sit, sleep, tell, their, these, those, upon, us, use, very, wash, which, why, wish, work, would, write, your

Grade 3
about, better, bring, carry, clean, cut, done, draw, drink, eight, fall, far, full, got, grow, hold, hot, hurt, if, keep, kind, laugh, light, long, much, myself, never, only, own, pick, seven, shall, show, six, small, start, ten, today, together, try, warm

- サイトワーズとはフォニックスのパターンに該当しない単語を多く含む超頻出の単語。
- 日本の小学校低学年ならサイトワーズを正しく読めるようになるだけで十分。

Question 07

英語の早期教育による日本語への弊害はありませんか？

Answer

英語漬けなら当然、日本語への影響は出ます。それを「弊害」と捉えるかは親御さん次第です

学習時間全体に占める特定の言語の比重が大きければ、他の言語に影響が出ることは避けられません。とはいえ程度問題なので、日本の小学校に通い、家で日本語のコミュニケーションをしっかり取っている子どもが週に1、2回英語教室に通っても、日本語に及ぼす影響は微々たるものです。

一方で、日本語の本を読んだり、日本語の動画を観たりする時間をすべて英語に置き換えたのであれば、日本語への影響は出るでしょう。

ただ、それを「弊害」と捉えるかどうかは親御さん次第です。

たとえば私の息子は日本でオールイングリッシュの幼稚園に通っていました。普通の幼稚園に通う子どもと比べると日本語の文字が書けるようになった時期は遅れました。しかし、その代わりに息子は幼稚園の間にフォニックスを覚え、アルファベットも書けるようになり、映画もテレビも英語で観る生活でした。そんな息子は日本の小学校に何年か通ったのち、いまはアメリカの中学校に通っています。私はそれを「悪いこと」だとは思っていません。

また、英語の早期教育否定派の意見として「言語は思考するときに使うから日本語が中途半端だと深い思考ができない」といった主張をたまに耳にしますが、これも的外れだと思うことが多いです。

たとえばスイスは公用語がフランス語、ドイツ語、イタリア語、ロマンシュ語の4つあり、さらに共通語として主に教育や観光などの場で英語が使われます。両親とはフランス語で話し、親戚とはイタリア語で話し、住んでいるのはドイツ語圏で、仕事では英語を使うといったことがザラにあります。ではそんなスイス人は「深い思考ができない」のでしょうか。

「言語は思考するときに使う」というのはその通りです。しかし、実際に**マルチリンガルの人が脳を使うときは、話し相手や分野によって脳のスイッチを切り替えています**。これ、地方出身の方ならよくわかるはずです。同郷の人に出会ったら勝手に言語のスイッチが変わりますよね。

私も中途半端なトライリンガルで、日本語と英語と庄内弁を使えます。吹雪に吹かれて凍えそうなときに口から出る言葉は「さぶっ」。「It's freezing!」は絶対に出てきません。一方で、頭のなかで論理を組み立てるときや思考を整理するときは自然と英語で行っています。

英語の早期教育を受けたわけでもない私が英語を使うのは、博士号を取って政治学を学びだしたのがアメリカ留学後だったからです。外国語学部出身の私には難しかった統計学を猛勉強したのも、難解な古典を大量に読んだのも、政治について教授や級友と議論を交わしたのもすべて英語。その影響がいまでも残っています。

このように**言語のスキルは経験にひもづくため、まだら模様になっています。4技能についても「この技能はこの言語が得意」といった凹凸もあります。**たとえば日本語は漢字がどうしても難しいので、英語メインで教育を受けた子どもは日本語のオーラルコミュニケーションはほぼ完璧でも、読み書きが苦手な子どもがたくさんいます。私の子どもたちもまさにそうです。私自身、取引先との打ち合わせが日本語で行われたとしても、手元のメモは英語だったりします。それでも日本語で本を書くのに支障はありません。

もし英語の本格的な早期教育、たとえばオールイングリッシュの環境を検討されている親御さんがいるなら、**子どもの言語能力のまだら模様を許容できるのか（そしてそれを夫婦間で合意できるのか）ということが重要**です。また子どもの言語学習は、成長してからも続きます。親が環境設定をするところと、本人が自分で決めて学んでいくこと、これらをどう考えるか、にもよります。

こうした凸凹に違和感を覚えるようであれば、無理して英語の早期教育はせず、日本語環境で育て、日本語脳のベースができた小学校高学年か中学生くらいから本格的に英語に力を入れてもいいのではないかと思います。一方でその分、日本語での意思疎通や知的な議論を親子で交わすこと、日本語での読書の習慣を身に付ける努力は、将来的に外国語を学ぶ上で重要な準備になると考えられます。

POINT

- **「日本語と英語を両方完璧にしたい！」は無理に目指さなくても良い。**
- **言語スキルのまだら模様を親御さんが許容できるかがポイント。**

Question 08

なぜ日本人は英語が苦手なんでしょうか？

Answer

自分の意見を表明し議論する訓練を受けていない人が多いからです

日本人は英語が苦手。たしかにそうですね。**私がアメリカでの研究職を辞して日本で英語塾を立ち上げたのも、アメリカの大学にやってくる日本の若者の英語力に不満を感じただけでなく、自分が辿ってきた学習経験を振り返ってみても、英語教育全般の底上げが必要だと感じた**からです。

EF Education First社が毎年発表している、英語を母語としない国の英語力を数

値化したEF EPI 2023年度版では、日本は対象111か国中87位。5段階のうち下から2番目の「低い英語能力」に該当します。ちなみにトップ3はオランダ、シンガポール、オーストリアでした。こうしたランキングの使用には一定の注意が必要で、この数字だけを取り上げて日本の英語教育が上手くいっていないなどと言うつもりはありません。ただ、もう少し何とかなるのではないかな、と思います。

通説としては、日本人の英語力が総合的に低いひとつの大きな理由は、4技能のうち「聞く」「話す」を疎かにしてきたからで、その反省を踏まえてようやく文科省も動いたので、いまの子どもたちが大人になるころには多少改善が見られるでしょう。

ただし、日本人が外国人とうまく会話できない本質的な原因はそこではないと感じています。

冷静に考えるとそもそも日本人は日本語による会話が苦手です。日本は超ハイコンテクスト文化だと言われるように、言葉を介さず意思疎通を図る文化があります。バブル期の日本企業を思い出せる方は思い出してほしいのですが、当時はジュニアスタッフが会議で発言しようものなら「若造が生意気をいうな！」と一喝されていました。学校も同じで、先生に反論したら殴られ、自己主張が強いとクラスからいじめられる。それが以前の日本社会であり、現在もそうした過去に囚われているのかもしれません。

自分の意見を表明することに慣れていない、もしくは最初から自分の意見を持っていない人が、英文法を完璧にマスターして数万語の語彙を暗記したところで世界の人々と深いコミュニケーションを図ることはできません。

「こいつはニヤニヤするだけで何を考えているのかわからない」と周囲も相手にしてくれなくなり、本人も委縮し、気づいたら日本人同士でつるんでいる。そのような光景を大学のキャンパスや学会、パーティー会場などで数えきれないほど見てきました。そんな日本人を指して「英語力が低いからだ」と結論づけるのはピントがずれている気がします。**英語圏でのコミュニケーション流儀に慣れていないだけ**なのです。

その点、**英語教育を子ども時代に経験すると、コミュニケーションを図ることに対して積極性が身に付きます**。なぜなら欧米の教育は基本的にギリシャ以来のソクラティック・メソッド（双方向型授業）の影響を受けているからです。

双方向ですから**会話のやり取りのなかで学んでいくことが基本。意見の相違があったらとことん話し合って合意形成を目指すということを小さなときから練習しています**。家庭の親子の会話もそうです。子どもを子ども扱いしないで、ちゃんと意見を聞く。だからアメリカ人などと会話していると、多くの日本人が苦手とする「What's your opinion?」「What do you think?」という質問が頻繁に飛んでくるのです。

彼らは別にケンカをしたいわけではなく、「大人の知的なコミュニケーションはそういうものだろう」という感覚にすぎません。
英語教室に行くと日本人の小さな子どもたちが「ミー、ミー、ミー！」と競い合って手を挙げる光景が見られます。こうやってみんなの前で恥ずかしがらずに発言する体験が積極性の礎になります。

授業のスタート時もHow are you today? といったお決まりの質問からはじまり、各自が自分の内面を表明することを習慣付けようとします。するとなかには「Not so good.」と答える子どももいるわけですが、そんな何気ない会話からも、「あ、正直に答えていいんだ。それはそうだよな」と理解していくことができるのです。

ソクラティック・メソッドを子ども時代に経験しているか、いないかの差はかなり大きいと思います。とくに日本の小学生で最初に通った習い事が受験専門塾になってしまうと、自分の意見を言うことが苦手な大人に育ちやすい。日本のいわゆる受験エリートは、コミュニケーション能力も、どんな考え方の持ち主なのかも一切問われないからです。

また、技術的な原因もあります。

たとえばみなさんのなかで日本語のスピーチトレーニングを受けた経験のある方はどれくらいいるでしょうか。あるいは、声量を上げるために腹式呼吸を習ったことがある方はいらっしゃるでしょうか。

私は選挙に出たことがあるので自分が話す姿を録画して、滑舌や音量、テンポ、体の姿勢、目や手の動きなどを一通りチェックして直したことがあります。イェール大学の教員研修でも、英語で同じことを経験しました。ほとんどの人はそのような経験はないと思いますし、必要性を感じたこともないでしょう。

「昔、外国人に話しかけたらまったく通じなかったので、それ以来、英語がトラウマで……」という親御さんがいらっしゃったら、日本語でいいので、第三者に自分の考えを正確に届ける技術を磨いてみてはどうでしょう。英語の発音を気にしすぎたあまり、声が小さくて通じなかっただけ、という可能性があります。**声量は多くの人が気づいていない盲点**です。

また「日本人は英語の読み書きだけは得意だ」という意見もよく聞きますが、それも本当かどうか冷静に考える必要があると思います。たとえば学術論文を読むことは日本人の大学院生ならできますが、そこで問われるのは英語力というより専門知識であり、英語の小説を読むことのほうが難しかったりします。

ですから自分は英語が得意か苦手かという話も、**その人が英語で何をしたいのかによってだいぶ変わります**。そういう意味では、「自分は英語が苦手だ」とざっくり捉えて勝手に自信をなくすのも、もったいない気がします。

もちろん小中高のうちは英語の基礎を満遍なく身に付けることに専念していればいいと思います。ただ、そこから先に行くときは**「最終的に自分がやりたいことはなにか？」「そのための課題はなにか？」といったことを考えて、コツコツ鍛錬を続ける姿勢が重要になる**と思います。

- 日本人はそもそも自己主張や議論に慣れていない。
- 英語教育はコミュニケーション教育でもある。
- 日本人の英語が通じない原因のひとつは「声が小さいから」。

Question 09

小学生が目指すべき英検®の目安を教えてください！

Answer

目的によって変わるので一概には言えません

仮に将来、海外で働きたいというのであれば、英検1級（CEFRのC1）くらいあれば業務上、あまり苦労はしないでしょう（特殊技能があるなら英語力は関係なく需要はあるので、この限りではありません）。

そこから逆算すると、**中期的な目安としては高校生の早い段階で英検準1級というのが現実的な目標**になるかと思います。日本の上位大学の入試も準1級くらいの

レベルに設定されていますし、それくらいの英語力があれば海外留学でもさほど苦労しません。また、準1級があると入試で「みなし満点」になる大学や、奨学金・給付金が出る大学などもあります。

そこからさらに逆算していくと、**中学2、3年で2級、中学1年で準2級、小学6年生で3級、4級くらい**を目安にすると、比較的無理のないペースで到達できるのではないかと思います。

ちなみに**いまの中学入試で英語を武器にして人気校に入りたいなら、準1級〜1級レベルを要求してくる学校もあります**（詳しくは3章で）。あるいは最近日本で増えているイギリス系のボーディングスクールに入りたいなら2級レベルの英語力は必要になるでしょう。このあたりになってくると「ちょっと英語を頑張った」くらいでは届かないので、オールイングリッシュの学習環境を経験したことがある子どもがメインのターゲットになってくるかと思います。

目安の話はこれくらいにして、英検について私見を2つ述べさせてもらいます。

ひとつ目は英検合格だけを目的化しないことです。私は英検を否定したいわけではありません。日本語を母語とする学習者の全般的な英語力を測る手段として非常にバランスが良いと思います。しかし、**英検はあくまでも英語学習の進捗具合を可視化する手段に過ぎません。学習意欲を確保するために英検を使い、目標を定めることも効果的ですが、これもやり過ぎは禁物**です。

英語学習の本質は、将来やりたいことのために必要な英語スキルを鍛え続けることです。「英検1級を取るため」とか、「TOEICで900点を取るため」に英語を勉強するというのは、資格コレクターが趣味でやるならいいですが、学習の本質ではありません。ということを、ぜひお子さんにも伝えてあげてほしいと思います。

アスリートがステロイド剤を飲めば、試合でパフォーマンスを上げることができます。でも体に悪影響を及ぼしますし、スポーツの精神にも反するのでドーピングは禁止されているわけです。それと同じで試験に特化した勉強をすると、本来身に付けるべきスキルが獲得できず、中長期的にその子どもの足を引っ張りかねません。これは受験勉強全般にも言えることです。

英検についてもうひとつの重要なポイントは、親御さんが英検をマウンティングの手段に使わないことです。「うちの子は2級受かりましたけどおたくは？」という親御さんがあまりに多すぎます。

英検は人と比べるものではなく、「過去の自分」と「今の自分」を比べるものです。半年前は5級で、1年後に4級に受かったら、「すごいね！　頑張ったもんね！じゃあなにか美味しいもの食べにいこう！」と褒めてあげれば良いのです。

とくに小学校中学年から高学年になると進学塾に通う子どもが増えます。それまでは何をしても親御さんに褒められていたのに、クラス分けだ、順位だ、ランキングだという世界に飛び込んで自信を失う子どもがたくさんいます。そこに追い打ちをかけるように英検のプレッシャーまでかけるのは避けてあげてほしいと強く願っています。

- 英検は子どもの英語学習の進捗を測る手段にすぎない。
- 英検合格だけを目的化しない。
- 英検をマウンティングの手段に使わない。

Question 10

英語・英会話教室はどんな基準で選べばいい？

Answer

「フォニックスのカリキュラムがあること」と「多読のライブラリーがあること」を確認しましょう

小学生向けの英語教室や英会話教室でやっていることは基本的にどこも大差はないと感じますが、いくつかチェックポイントはあります。

❶フォニックスのカリキュラムがある

まずはフォニックスの指導をしているか。とくに「英会話教室」の場合、真っ先に確認してください。

外国人講師と日本人の子どもたちが英語でいろんな遊びをしたり、踊ったり、歌ったりするのが子ども向け英会話教室の基本形です。英語と触れ合う、英語を好きになってもらう、いろんな言葉やフレーズを覚えるという意味で英会話はとても重要な役割を果たしますが、会話オンリーの授業ではさすがに物足りないかもしれません。

とくに小学3年生くらいまでは**英会話の練習と並行して「フォニックスを丁寧に学ぶ」ということをカリキュラムとしておさえているか**必ずチェックしましょう。

「アクティビティの一環としてたまにフォニックスもやりますよ」ではなく、毎回、一定の時間をルーチンとして組み入れていることが理想です。

❷多読のライブラリーがある

難易度別に細かく分けられた英語の本が大量にあり、生徒が借りられる仕組み（あるいはデジタル教材）があるかどうかもひとつのポイントかと思います。

これも先ほどの❶に通じる話で、英語の基礎を学ぶときに会話だけで終わらないことが大切です。**言語の能力をうまく引き上げていきたいと思ったら、やはり文字を読めるようになることがスタートライン**。文字を読めないと語彙も増やせませんし、書けるようになりませんし、知的な会話をする大人にもなれません。

おそらく親御さんが子どもに期待する「英語力」も、ネイティブの若者が使うスラング混じりの滑らかな口語を話せるようになることではないと思います。英語で高等教育を受けたり、英語でスピーチをしたり、英語で交渉をしたり、知的な言葉の運用能力を身に付けた大人になってほしいと願っているはずです。

そう考えるとやはり「読む基礎としての音声」をいかに早い段階で身に付けることができるかがポイントになると思います。

- フォニックスをルーチンとして組み入れていることが理想。
- 文字を読めるようになることがスタートライン。

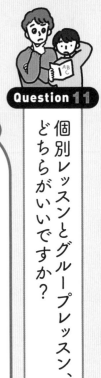

Question 11

個別レッスンとグループレッスン、どちらがいいですか？

Answer

モチベーション維持の観点からグループレッスンがおすすめです

子どもの課題や性格に応じた最適な指導がしやすい個別レッスンと、みんなで楽しく学べるグループレッスン。それぞれのメリットがあるわけですが、**小学生の場合は圧倒的にグループレッスンがおすすめ**です。

語学学習の肝はいかに継続できるかにあり、その点でモチベーションの維持がしやすいグループレッスンに分があります。

大人も同じですね。たとえばジョギングを習慣化したいならひとりで頑張るよりもジョギングサークルに入ったり、家族を巻き込んだほうが続けられる可能性が高いです。プログラミングを勉強したいならチュートリアルを観ながら独学するだけではなく、相互補助のコミュニティーに所属したほうが、がぜんやる気がでるものです。

個別レッスンが有効なのは本人のモチベーションが高く、なおかつ課題が明確なときです。英語が好きで、なにか短期的な目標があって自分のペースで早く勉強したい。そんなときに選ぶといいと思います。

「我が家では教育費は出し惜しみしないから優秀な先生から個別指導を受けさせている」という教育熱心な親御さんもいますし、経済的に手ごろ、もしくは近所に教室がないという理由でオンラインの個別レッスンを選ばれる方もいます。

それで**子どもが英語を楽しめていればまったく問題はありません**。ただ、個別レッスンは先生との相性がすべてなので、ハマらないときはまったくハマりません。本当は先生との相性が悪いだけなのに「私は英語が嫌いなんだ」と勘違いさせるのは避けたいことです。

そもそも個別レッスンの学習効果のほうが高いのであれば、みんな小学校に通わずAI教材を使ってホームスクーリングをすればいいわけです。海外の名門大学も潤沢に予算があるわけですから大学レベルでもオンラインの個別指導が増えてもおかしくないはずです。

でも実際はどうかというと、学校では子どもたち同士で学ぶアクティブラーニングの導入が進み、海外の名門大学も少数精鋭ではあるもののワン・オン・ワンまではいきません。たとえば英オックスフォード大学や米リベラル・アーツ・カレッジの名門ウィリアムズ・カレッジでは先生一人に対して学生二人という形を取ります。**ケチった結果の二人ではなく、学習効果が高いが故の二人**なのです。

一緒に学ぶ仲間の存在はとてつもなく大きいものです。とくに小さな子どもの場合はなおさらです。

親がどれだけやりなさいと言っても聞いてくれないのに「友達がこんなことをできるようになったから、自分も頑張りたい」と勝手にスイッチが入ってくれる場面は親御さんであれば何度も経験しているはずです。

どちらか選べる状況にあるなら、グループレッスンをおすすめします。

- **グループ学習のほうがモチベーションが維持しやすい。**
- **個別レッスンは先生との相性に注意。**

Question 12
英語が伸びる子と伸びない子はどんな子ですか？

Answer
英語を楽しんでいる子はすぐに伸びます

脳の特定の領域の伸びしろを見極める方法は、正直なところあるようでないような、ないようであるような世界ではあります。

ただ、そのなかでも**この子は英語が伸びるだろうなと感じるのは、主体的に英語学習を楽しんでいる子**です。「**英語が楽しい→前のめりで学習をする→英語力が伸びる→さらに英語が楽しくなる**」という**好循環**に入っている子は、親御さんがほとんど介入しなくてもグングン伸びていきます。

子どもの主体性を伸ばすために親御さんにできることはなにかといえば、**挑戦しようとしている子ども、成長しようとしている子どもをとにかく褒めること**。その積み重ねが子どもの「自分はできるんだ！　もっとやりたい！」という気持ちを育てるのではないでしょうか。

また、英語で最終的に重要になるのはコミュニケーション能力や思考力であるという観点からいえば、**普段から減らず口の子、理屈っぽい子、自分の考えをはっきり言えるような子は、中学や高校以降に真価を発揮する傾向がある**と思います。

なお、いま挙げたような条件に合わない子どもは英語が伸びないと言いたいわけではないのでご注意ください。

伸びない子の特徴に関しては大人の決めつけが怖いので断言は避けたいと思いますが、塾での様子を見る限り、**授業中にやる気が感じられない子どもはどうしても進捗が遅くなります**。そもそもそういう子どもは塾に来ている時間しか英語の勉強をしないので、当然といえば当然かと思います。もちろんそれはやる気の問題なので、英語が伸びる資質がないとは言い切れません。

ちなみにこうした「やる気のない子」「受け身で勉強をする子」「英語を嫌いになっている子」の親御さんを見ると、むしろ英語が得意な親御さんが多い印象を受けます。**ご自身が英語を一生懸命勉強した記憶があるからこそ、子どもの学びについ口が出てしまう。しかも教え方が昔ながらの文法中心のメソッドなので、子どもも英語がつまらなく感じてしまう**わけです。「私のことかも」と自覚された方は、ぜひご注意ください。

また、脳の特性によって特定の学習が苦手な子どももいます。ディスレクシア気味の子どもや、スピーキングだけ苦手な子どもなども当然います。こうした特性は、年齢によって克服できる子どももいれば、克服できない子どももいます。

仮に文字を読むことが苦手だからといって「この子には英語は無理だ」と決めつけることは避けましょう。英語は手段ですから4技能をバランスよく育てないといけないルールなどありません。文字が読めないなら聞く、話すに特化した指導法もあります。英検などテストでの各セクションのスコアも、あくまで目安として設定してあるものです。読むのが先行したり、話すのが先行したり、年齢や個人差が影響します。

大人の見守り方としては、子どもの特性を把握し、無理に型にはめないようにすることだと思います。のちのち、本人が本気になって頑張れば取り返せるものでもあります。不必要なダメ出しだけは避けたほうが良いでしょうね。

POINT

- **英語を楽しんでいる子は伸びる！**
- **子どもの特性を把握して無理に型にはめない。**

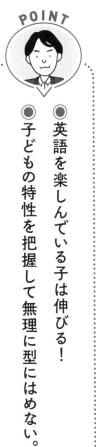

Question 13

子どもが英語読みとローマ字読みで混乱しています……

Answer

ローマ字は英語学習者にとって最大の敵。取り扱い注意です

日本の小学校では3年生でローマ字を教わります。英語を教える身としてローマ字は最大の敵。**フォニックスできれいな発音を習得した子どもが、ローマ字の授業がはじまったとたんに一度崩れる**ということが塾でも毎年起きます。

私たちの塾ではそこから必死にリハビリに努めますが、小学校で英語の指導をしている先生たちの話を聞くと、混乱しっぱなしの子どもも一定数いるそうです。それはそうだと思います。

キーボード入力のためにローマ字を教える需要があることは理解はできます。しかし、明らかに英語教育と正面衝突している、そして実際に被害者が続出している事実を文科省は深く受け止める必要があります。

小学校で英語活動を導入したのであれば、英語の複雑な音と文字を連結させることを優先し、ローマ字教育は学習指導要領から外せば良いというのが私の長年の主張です。

仮に教えるとしたら、**ローマ字と英語の関係について適切に区別して説明したほうが良い**でしょう。誰も使わない訓令式を押し付けるのではなく、ヘボン式と、英語との微妙なズレについて、適切な導入と説明が必要だと言えます。タイピングに関してはカナ文字入力でも対応できるでしょう。「ローマ字が使えないと困らないか？」という意見もあるかもしれませんが、実際、小学生がローマ字を読んだり書いたりできないことで困る場面はどれだけあるのでしょうか？

そもそも**ローマ字は、アルファベットを母語として使う人が日本語の文字を一切使わずに日本語の音を真似するために考案されたもの**です。日本語の文章は翻訳すればいいわけですが、固有名詞などは翻訳できません。そのときに使うのがローマ字です。ですからローマ字が実際に使われる場面のほとんどが人名や地名などの固有名詞で、それ以外はsushi、wagyu、kawaiiなど日本語がそのまま英語化された特殊なものにすぎません。

しかも、ローマ字はしょせん音を真似することが目的ですから、厳格なルールがありません。規格としてはヘボン式と訓令式があり、それぞれに細かいルールはありますが、誰も従っていないでしょう。日本語をどうアルファベット表記するかは使用者が決めているのが現状です。

たとえば駅名は鉄道会社によってルールが違います。「日本橋」はNihombashiとmになっているのに対し、横浜の「日本大通り」はNihonとnになるなどの細かい違いがあります。都道府県名や市町村名も各自治体が正式な表記を決めています。

メーカー名もそうですね。車のマツダはMAZDAであってMATSUDAではありません。個人名も、いざパスポートを申請するときにはじめて正式な表記を自分で決めることになります。パスポート表記とヘボン式は違うという細かい話もありますが、普通、パスポート表記を決めたらそれで統一して、わざわざ訓令式やヘボン式と使いわける人はいないでしょう。

ローマ字に統一ルールがなく使用者が決めたものに従うことが基本だということは、ますます日本人が、ましてや小学生が、ローマ字を学ぶ意味はないということです。もし英作文で「東京」と書かないといけないなら、インターネットで東京都のホームページに行き、そこで使われている「Tokyo」という表記を使えばいいわけです。

ローマ字と英語のズレは、主として母音で発生します。aは「あ」ではありません。日本語母語話者に「あ」と聞こえる英語の短母音は4種類あり、これらはaで表記されるとは限りません。短音のeは日本語の「え」と近い発音で、大きな混乱は生じませんが、長音で読むときは日本語の「イー」よりもかなり横に幅広く、ほっぺたの筋肉を緊張させるように発音します。短音のiは日本語の「イ」に少し「エ」が混ざった音、oの短音はアメリカ英語ではむしろ「ア」として発音されます。uも短音では［ʌ］、舌の中央を凹ませ半開きの口で短く「ア」と発音する音です。英語の子音は、日本語にはない音と、子音だけで発音することに、注意を払う必要があります。

ローマ字は外国の人が日本語を読むときに使う「一方通行」の言葉であり、英語を読むときに使う言葉ではありません。ですので、英語圏の学校に留学すると、ローマ字で書いた自分の名前が英語読みされて、誰のことを指しているのか本人でも気づかないということが多々発生します。Inoueさんは、「イヌー」と呼ばれてしまうのが、ローマ字と英語読みのズレなのです。

塾の生徒たちにも「**英語をローマ字読みするのは高速道路を逆走するような危険行為だから絶対にやめてね**」と、ことあるごとに伝えています。friendを「フリエンド」と覚えるようなことは、なるべく避けたほうが良いでしょう。

ぜひみなさんのご家庭でも、英語読みとローマ字読みで混乱するお子さんがいたら、この大原則を何度でも伝えてあげてほしいと思います。英語とローマ字は、別々の発音ルールに則っているのです。

- **ローマ字は外国人が日本語を読むときに使うもの。**
- **英語はローマ字読みではなく、フォニックスを優先。**

Question 14

最も効率的な英語学習法を教えてください！

Answer

むしろ無駄な学習を楽しめる子どもにしてください

英語を効果的に習得する方法は第二言語習得理論という学問で研究され、ベストプラクティスはある程度わかっています。この本で紹介する「耳から入り、真似をしてみる。次に文字を正しく読む練習をする。書く練習は最後」という大きな流れも、まさに第二言語習得理論に逆らわず、そして何よりも多くの生徒を教えてきた経験則に沿ったものです。

ただし、**「最も効率的」というこのフレーズ、少し危うい言葉**でもあります。

たとえば国会議員や官僚が社会的支援について議論するとき、「本当に必要な人にサポートを提供すべきだ」という主張がよく出てきます。報道でもよく目にするはずですし、こういう主張を聞いたら普通の感覚では「そうだそうだ」と思うでしょう。

でも「本当に」という言葉が曲者です。「本当に必要な人にサポートを提供すること」が究極の目標になってしまうと、「ああ、この人は別に『本当に』サポートが必要なわけじゃなさそうだから支援はやめよう」といった具合に、支援を削減する口実になりやすいのです。

「最も効率的な勉強」も同じで、**効率だけを追求して勉強をすると「無駄に感じる勉強はしないこと」を正当化する根拠になりやすい**。たとえば入試で3教科を選んだから「他の科目はやっても無駄だ」といった態度です。

しかし、そもそも勉強自体、無駄なものです。第二言語を学ぶことなどもっと無駄です。もっと言うなら生活保護が受けられる日本で労働に従事することは無駄ですし、みなさんが食べている美味しい食事も栄養学的には非効率で無駄なものばかりです。

でも**「無駄」なところにこそ楽しさや幸せがある**と私は思います。

何か明確な目的があり、特定の期限までにある水準まで英語力を上げたいからできるだけ効率的にという気持ちもわかります。私たちもそれをサポートするノウハウは持っています。しかし、繰り返しますが勉強は生涯続けるものであり、生涯続けるためには本人が「これは無駄かな？」といったことは一切考えず、自分の興味の赴くままに学んでいく姿勢が重要です。

そうした姿勢を育むためにも、**小さなときから自由に、脇道にそれながら楽しく学んでいく体験を積むことが大事**だと思います。

こうしたことから、講演会や塾の親御さんなどから「最も効率的な学習法を知りたい」と聞かれたら、「むしろ無駄な学習を楽しめる子どもにしたくないですか？」と答えるようにしています。無駄な学習が楽しめる子どもなら受験が終わっても主体的に勉強ができますし、**勉強を長く続けることで、結果的に高度な知的作業に従事する水準に到達できる**はずです。

大人は皆なにかしらの知識や経験があるので、**子どもが脇道にそれるとつい最短距離を走らせようとしてしまいます**。しかし、往々にして最短距離は子どもにとって楽しいことではありません。「楽しむ」という無駄を排除するわけですから、当たり前のことです。

子どもは楽しさを感じないものは続けたいと思いません。

私たちの塾でもいまＡＩを使った教材を開発しているところですが、ＡＩに効率性だけ重視して教材をつくらせると本当につまらない教材になってしまいます。子どもが熱心に取り組める教材にするためには適度なノイズが必要です。

短期的に見れば効率性はたしかに重要です。でも中長期的に見たときにそれがどんな結果につながるのかということを予測することもやはり重要であり、そこをうまくバランスを取りながら勉強法を考えていくことをみなさんにはおすすめしています。

これは自戒を込めたメッセージでもあります。

私の娘は小さいときからピアノが好きで、技術的にもグングン上達していました。そんな彼女が小学4年生になったとき、「もしかしたら音楽の道に進めるかもしれない」というお節介な親心が湧き、超一流のピアニストに指導を依頼したのです。

これが大失敗でした。

「プロになりたいならひたすらスケール練習。それが上達の近道だ」ということで、来る日も来る日も無機質なスケール練習。野球でいえば試合に出さずにひたすら体幹を鍛え、素振りだけをさせるようなものです。娘のピアノに対する情熱はみるみる消えていき、精神的にも不安定になり、そのままピアノをやめました。効率を重視したことが原因です。本当に申し訳ないことをしたと思っています。

- **効率ばかり重視していると勉強が楽しくなくなる。**
- **大人は子どもに最短距離を走らせようとしがちなので注意。**

Question 15

AI台頭による「英語学習不要論」はどう考えればいいですか？

Answer

深いコミュニケーションを図るにはリアルな対話が必要です

「AIや自動翻訳があるのだから英語学習に意味はない」といった主張を近年、よく耳にするようになりました。

実はこの手の話は何十年も前からありました。ただ、昔の自動翻訳は想定される対話を開発者がコツコツ手入力しておく必要があったため限界がすぐに露呈し、その熱気も冷めることになります。しかし、翻訳機能に機械学習が使われ始めたことで、グーグル翻訳を筆頭に一気に実用性が高まり、さらに生成AIの登場によって次の段階に上がった、というのが現状です。

しかし、そうかといって**英語学習が不要になるとはまったく思いません。**

もちろん海外旅行などで自分の意志を伝えたり、相手の要求を理解したりする手段としては自動翻訳機で十分です。英語がまったく話せなくても道を聞いたり、値切ったり、レストランを予約したりすることはできるでしょう。英文のビジネスメールを読んだり、書いたりするのも、生成ＡＩがそこそこ高い精度で行ってくれます（生成ＡＩについては次節で触れます）。

しかし、たとえば難しい意思決定が求められる商談の席で、ＡＩ任せで本当に大丈夫なのでしょうか？　微妙なニュアンスを伝え、感じ取る。あるいは信用関係を構築する。こうしたことを、コンピューターを介しながらできるのでしょうか？

普段、人間の通訳を介して商談を行っている人ほど、通訳をＡＩに置き換えれば良いと単純に思いがちです。しかし、通訳を介して深いコミュニケーションができるのは、人間は文脈に応じた「意訳」ができるからです。そもそも「日本語の直訳」と「英語の直訳」では会話が成立しません。必ず微調整が必要で、いまのAＩには それができません。

もしくはディナーパーティーなどの席上を想像してください。「このサラダ、美味しそうですね」といったちょっとした会話のキャッチボールをするだけなのに、「あ、ちょっと待ってください」と毎回スマホをいじる人と会話をしたいと思うでしょうか？　複数人で会話が盛り上がっているときにタイミングよくその会話に乗ることができるのでしょうか？　英語圏でしか通用しないジョークで笑うことができるのでしょうか？　きっとできないはずです。

AＩや自動翻訳が活用できる場面はどんどん使えば良いと思います。**しかし、英語での深いコミュニケーション、つまり人と人との深い対話を図りたいなら、リアルな英語を学ぶしか方法はありません。**

「英語を学ぶ」とは「日本語を英語に置き換える方法を学ぶこと」ではありません。

英語圏ならではの文化、英語ならではのコミュニケーションの取り方、もっと具体的にいえば意見をぶつけ合って何かを生み出そうとする姿勢。そういったことまで学ぶことを意味します。

そう考えると、英語学習はこれから先も必要になるはずです。

- **AIが使える場面は使えば良い。**
- **日本語と英語を直訳しても会話が成立しないことが多い。**

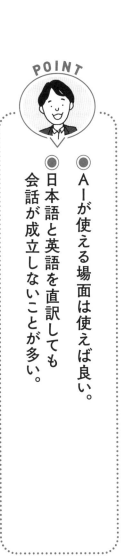

Question 16

生成AIがもたらす英語学習への影響は？

Answer

「読む力」が改めて問われるようになると予想しています

この原稿を書いている2024年は英語教育や英語学習が大転換を迎えた年として記憶されるかもしれません。そのきっかけとなったのはChatGPTを代表とする生成AIの登場です。

とくに大きな衝撃はChatGPTの英文作成能力です。「こんなことを何文字くらいでこんな文体で書いて」と指示すれば、ChatGPTはものの数秒で書き上げてしまいます。

最近、霞ヶ関の方や外資系コンサル企業、金融機関に勤務する方々と個別にお話をする機会があったのですが、どこも今は、英文資料を作成するときは基本的に人工知能を駆使しながら書いているそうです。外交や企業の交渉で使われる英語は非常に特殊で、使う単語や言い回しによって絶妙なニュアンスの違いを表現する必要があり、文章を書く際には細心の注意を払う必要がありました。しかし、形式ばったもの（＝規則性のあるもの）はむしろChatGPTや、Deep Lの得意分野なので、非常に精度の高い英文を書いてくれるそうです。もちろん、最終的には人間が専門家の知見を加えながら修正していくわけですが。

アカデミックの世界でも生成ＡＩの影響はすさまじいものがあります。「学生に生成ＡＩを使わせるか使わせないか」といった議論が起こっていますが、現場の先生たち自身は生成ＡＩをせっせと使っています。

これまで日本人が英文を書くためには膨大な数の単語を覚え、正しい文法知識を叩き込み、文脈に合った慣用句などを適切に使いこなすなど、長くつらい「修行」

が必要でした。ChatGPTはその前提をあっさり覆そうとしているわけです。

しかし、**生成AIは決して万能ではなく、「文脈の理解」と「事実関係の確認」を苦手とします。**そのため、生成AIが書いた文章を細かくチェックして直すことはあくまでも人間の役目です。そこも今後はAIがある程度カバーしていく可能性はあるものの、すべてをAI任せにできない限り、事実関係の確認のために大量のドキュメントを読み込むといったことがどうしても必要になるわけです。

そういう意味で、ChatGPTのようなツールがより身近になる**今後は「読む力」が非常に重要になってくる**と思います。昭和の英語教育では「読む力」が重視されていて、そこから「4技能をバランスよく」という方向に舵を切ったわけですが、今後はまた「読む力」重視に揺り戻しが起きるのではないかと予想しています。

他方で書く、聞く、話す力を鍛えるための学習ツールは、以前であれば考えられないほど充実していますので、短時間で実力を高める学習者が増えてくると予想します。そんななかで、読む力を養成するために、ますます多くの指導時間が充当されるようになるでしょう。

いまのところ英語教育界にその変化は見えませんが、いまの小学生が高校生や大学生になるころには英語の出口が変わっていることは十分あり得る話だと思います。AIが影響を及ぼす範囲は多岐に渡りますから、教育に限定しても、学び方、選別・評価の仕方、レコメンドの仕方など多方面で教育の形は変わっていくでしょう。

言ってみればこれからの英語学習は、常に動く標的を追いかけていくような学習になる（＝やるべきことがコロコロ変わる）可能性が非常に高い。「これをしていれば大丈夫」といったメソッド的な話はすぐに陳腐化する恐れもあります。この本も例外ではありません。

そのときの**親御さんの心構えとしては、できるだけ子ども自身が主体的に考えて学習する習慣をつけること。そして、好奇心や探求心、やり抜く力、ＰＤＣＡを回**

す力など一生使えるスキルを身に付けてもらうことではないかと思います。

- ChatGPTの英文作成能力は非常に優秀。
- ただしその文章をチェックするために「読む力」はいままで以上に必要。

第2章

家庭学習のコツ、教えてください

Question 01

家庭学習で親が気を付けるべきことはなんでしょうか？

Answer

「無理強いしない」「怒らない」「過度の期待をしない」です

家庭学習において子どもにとって最も身近な「先生」となる可能性があるのが親御さんです。だからこそ、親御さんにぜひ意識してほしいことがひとつだけあります。

それは「毒親」にならないこと。

「毒親（toxic parents）」とはスーザン・フォワードの書いた本のタイトルで、こここでの「毒」とは子どもに害を与え、不幸にするという意味を持ちます。毒親の存在は子どもの自立や人格的成長を阻害し、毒親の元で育つ子どもは愛情の欠如や恐怖、プレッシャーなどから精神的に不安定になったり、自己肯定感の低い大人に育ったりします。

もう少し具体的にチェックポイントを挙げるとすれば、

- **子どものイヤがることを無理強いしない**
- **理想通りにいかないからといって怒らない**
- **過度の期待をしない**

といったところでしょうか。

スーザン・フォワードがその本で再三強調しているのは、家庭とは本来、親子が強い信頼関係で結ばれ、子どもが安心感に包まれる団らんの場所であるということ。

私もまったく同感です。英語の家庭学習を行うにあたっても、その団らんの場を維持することを最優先して子どもと接してあげてほしいと思います。

あえて章の冒頭からこのような重たい話をするのは、**誰もが毒親になる可能性があるからです。そもそも毒親になりたいと思ってなる人はいませんし、教育虐待をしている親のほとんどは「子どもの将来のためだから仕方がない」と思ってやっています。**

このように、毒親は自覚症状を持ちづらいからこそ「自分は毒親になっていないだろうか」と定期的にチェックして、早め早めに軌道修正を図る必要があるのです。

英語を含むどんな習い事も、うまくいくパターンは子どもの数だけあります。しかし、うまくいかないパターンは比較的似通っているものです。

スポーツをやらせたけど失敗した。楽器をやらせたけど失敗した。受験勉強をさせたけど失敗した。そうした失敗例をみていくと、往々にして失敗の原因が親の過干渉であったり、過度に期待をかけすぎたことだったり、恐怖による支配だったりするわけです。

親御さんがこれから子どもの英語学習に関わっていきたいと思っているのであれば、親御さんが原因で失敗した事例を頭に入れておくことが、実は成功率を上げる最も確実な方法です。子どもとの関わり方は本当に悩ましいことだらけですが、「最高の親を目指そう！」ではなく、「最低の親にならないように気をつけよう！」で十分です。

そして失敗しないように気を付けていくと、実は英語の家庭学習で親御さんがやるべきことは限られてきます。

それは子どもの成長を見守りながら、一緒に英語を楽しむことです。もちろん環境を構築するのは親の役目です。しかし、**上から目線で教えようとしたり、無理矢**

理引っ張り上げようとするのではなく、子どもに寄り添って、あるいは斜め後ろくらいで子どもを全力で応援してあげてください。

すると子どもはときに脱線するでしょう。もしかしたら「英語自体もうやりたくない。ほかのことをやりたい」と言い出すかもしれません。もしそうなったとしても失望したり、焦ったり、イライラしたりする必要はありません。

英語はしょせん手段にすぎず、あとでいくらでも勉強できます。むしろ新たな可能性を見出し、自分の足で歩もうとする子どもを称賛してあげて、再度、全力で応援してあげてください。

いま私が述べたような子どもとの関わりができるか自信がない方は、正直、家庭学習はおすすめしません。プロに任せたほうが良いと思います。

自己チェックのための本を何冊か紹介しておきますので、家庭学習をはじめる前にどれか1冊でも読まれてみることをおすすめします。

●スーザン・フォワード『毒になる親　一生苦しむ子供』（講談社＋α文庫）
●おおたとしまさ『ルポ教育虐待　毒親と追いつめられる子どもたち』（ディスカヴァー携書）
●小林公夫『高学歴な親はなぜ子育てに失敗するのか』（中央公書ラクレ）

●家庭は親子の信頼を築き、団らんするための場所。
●親ができることは子どもの成長を見守りながら、一緒に英語を楽しむこと。

Question 02

何歳から英語学習をはじめるのが理想でしょうか？

Answer

何歳でも構いません。年齢にあった学習方法を選びましょう

音の基礎を身に付けてほしいなら小学校のときからはじめると有利という話は前章で何度もしましたが、「何歳から？」という問いに対する私の答えはいつも一緒で、何歳でもＯＫです。３歳でも、10歳でも、40歳でも構いません。

大事なことは年齢による脳の特性を理解した上で適切な学習方法や目標設定をすることです。

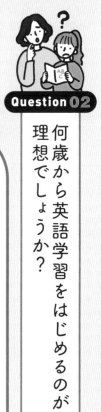

年齢を強く気にされる方はおそらく幼児向けの英語教室や教材のセールストークでよくいわれる「6歳限界説」に引きずられている方が多いと感じます。しかし、この説はあくまでも英語を「母語」にしたいケースであることに注意してください。

「日系アメリカ人」ではなく、「バイリンガルな日本人」にしたいなら、中学生以降でもまったく遅くありません。

それに早い段階で英語を頑張ったからといってその子が社会に出るまでの間、その成果を維持、もしくは持続的に伸ばしていける保証もありません。何かほかにやりたいことを見つけて英語をやめる可能性もあります。では一度英語をやめたら復活できないのかといったら、そういう話でもないわけですね。高校生くらいになって将来の目標が明確になり、英語の必要性を実感して猛勉強をはじめたら、昔とった杵柄でスムーズに学習が進むということもよくある話です。

とにかく重要なことは、何歳であろうとその人に合ったやり方があるので、そこからスタートしましょうということ。

年齢に合った学習方法については次節で紹介しますが、ここでひとつ補足したいのが、いまの話は当然、親御さんにも当てはまるということです。

●英語が苦手だから教える自信がない
●発音が下手なので読み聞かせができない
●子どもの英語の話し相手になってあげたいけど無理

こういう親御さんはたくさんいます。自分の英語が苦手なことが、自分の子どもにとってハンデになるのではと心配されるのです。しかし、私はむしろ好都合だと思います。

親と一緒にフォニックスを学んだり、学んだフレーズをお互いに使ってみたり、一緒に海外のアニメを観たりする。子どもにとってこれほど楽しいことはないでし

ょう。それに親御さんがひとりでシャドーイングをしたり、辞書を引きながら本を読んだりする姿を子どもに見せるのは最高の刺激になると思います。

英語をだいぶ前にあきらめたという方も、学び直しにチャレンジしてみてはどうでしょうか？

- **6歳限界説は「ネイティブになるため」の話。**
- **バイリンガルは何歳からでもなれる。**
- **英語が苦手な親御さんこそ一緒に英語を勉強しよう。**

Question 03

年齢に合った学習方法を教えてください！

Answer

英語学習の全体的な流れが掴めるロードマップを紹介します

小学生では英語のどんなことをどんな順番でやればいいのか参考にしていただくために、英語学習の目安となる年齢別ロードマップを用意しました。**3歳からスタートできますが何歳からはじめてもOK。ひとつのステージに長い時間をかける必要もありません。重要なのはステージの順番からあまり大きくはずれないこと**です。

年齢的なことをひとつ意識するとしたらステージ6以降。文法の細かい理解などが求められるようになるので、日本語を使った丁寧な指導が必要になっていきます

(それまでは英語を英語で学ぶだけでOK)。そこからは「お勉強っぽさ」が出てくるので、勉強に慣れてくる小学校高学年くらいまで待ったほうがいいかもしれません。英語学習のスタート自体が遅ければ、ステージ6は中学校以降でもまったく構いません。

ステージ❶ 英語を好きになってもらう

英語で遊び、そして英語の音にたくさん触れる機会を増やすことで英語に対する興味を醸成していきます。**ここで意識すべきは文字ではなく音。英語をたくさん聞き、できる限りでいいのでその真似もしていきましょう。**

幼児向け英語教室ではどこでも身体を動かすTPR(全身反応教授法)に基づくアクティビティを行っていますが、それもまさに英語の音に慣れさせると同時に英語を好きになってもらうための鉄板の手法です。

【使う教材など】

● **TPR**(全身反応教授法)、動画、音楽、絵本の読み聞かせ

ステージ❷ フォニックスの体験、アルファベット（読み）

フォニックスを学びはじめます。**声を出して真似することが重要なので親子で楽しく歌う時間にするといいでしょう。完璧を目指す必要はありません。**

また、日本語と英語の音の違いをなんとなく理解してもらうためにも、英語の動画を観るときは、話者の口元がうつっているものがベターです。

並行してアルファベットと触れる機会も増やしていきます。ABCソングを歌ったり、お風呂にアルファベットのポスターを貼って毎日、親子で読んでみるのもいいでしょう。

【使う教材など】

●YouTube

①検索キーワード「ABC song」英語版

日本語との違いを意識しながら英語のリズムでものまね
②検索キーワード「Phonics Song」
リズムに合わせて繰り返し練習しましょう。

● **音対文字の比率……9：1**

ステージ③ サイトワーズ、アルファベット（なぞり書き、大文字・小文字）

遊びながらサイトワーズ（の読み方）を学んでいきます。アルファベットはきれいな清書などはせず、指でなぞり書きをする程度で十分です。またアルファベットには大文字と小文字があるということに気づいてもらう時期でもあります。ピクチャーディクショナリーをプレゼントしてあげるといいのもこの時期です。

聞いた英語を真似することにも慣れてきているはずなので、徐々に真似させる英語を単語レベルから短文レベルに長くしてみましょう。

【使う教材など】

● **書く練習**

Kumon は英語圏の書店でも幅広く販売されています。
『はじめてのアルファベット』（くもん出版）
『やさしいアルファベット』（くもん出版）
『アルファベットおけいこ』（くもん出版）
『はじめてのアルファベット TAGAKI』（mpi松香フォニックス）など

●音対文字の比率……8：2

ステージ❹ フォニックス（短音）の完成、アルファベット（書き）、読書習慣

ステージ3までが英語学習の材料集めだとしたら、ここからは手元にある材料を使って少しずつ本格的な英語学習に入っていきます。フォニックスに関しては仕上げに入る段階で、アルファベットも正しい書き方を覚えていきます。とはいえ、その子のペースに合わせればいいので厳しい指導は厳禁です。

英語の文章にも意識を向けていきたいので、文章の書写や自分で本を読む機会を増やしていくといいでしょう。文法指導はまだ不要です。

また英語の耳に磨きをかける方法として、文字を一切見ずに聞いた英語の短文をそのまま真似する練習も効果的です。

【使う教材など】

●聴いて繰り返す練習

アルファベット長音、短音をたまに繰り返しながら、徐々に複雑なパターンを練習する。

・YouTube

①検索キーワード　Phonics Long Vowel（長母音・重母音）

②検索キーワード　Phonics Digraph（二文字一音）

●書く練習

徐々にシリーズで難易度の高いものに挑戦。ただ、決して無理をしない。

『はじめてのフォニックス TAGAKI』（mpi松香フォニックス）

『TAGAKI® 10』（mpi松香フォニックス）

●読む練習

『Oxford Reading Tree』(Oxford University Press)が定番

徐々に難易度が上昇するように、繰り返し音読。

● **音対文字の比率……8:2**

ステージ⑤ 英語を使って楽しむ！

親御さんから与えられたコンテンツ（動画、絵本、教材など）でも楽しくやっていた子どもでも、小学校低学年から中学年あたりになると各自の好みがでてくるようになります。また、**基礎もできているので「英語を遊ぶ・学ぶ」から「英語で自分の好きなことを遊ぶ・学ぶ」というフェーズに移行しましょう。**

最強ツールはもちろんYouTubeやディズニーチャンネルのようなインターネットコンテンツ。何度も視聴できるので便利です。

英語を使ったカードゲーム、ボードゲームなどもおすすめ。子どもの興味に絡めるという意味では、STEM系の活動などを英語で行うワークショップに行ってみるのもいいかもしれません。

文章を書く練習もできればはじめたいところです。スペルや文法が間違っていてOK。自分なりに考えて書くことが大切です。オンラインゲームのチャットで海外のプレイヤーあてにメッセージを書いてみる、といったことでもいいと思います。

【使う教材など】

●読む

『Oxford Reading Tree』の他、レベル分けした絵本シリーズ。

●観る・聴く

ディズニーやハリーポッターなど、子どもの興味、関心の強いコンテンツ。

●書く

Tagaki シリーズ

●語彙力増強

『Longman Children's Picture Dictionary with CDs』

（Pearson Japan）

●音対文字の比率……7：3

ステージ❻ 文法、多読

このステージに至るまでは大量の英語を聞くことを中心にやってきたはずです。大量に聞いたということは、意味はわからなくても、よく聞くフレーズが断片的な形で脳にストックされている状態です。そうした**ゴチャゴチャの情報を一気に整理していくのがステージ6以降。文法を学んでいきます**。

文法は日本語で学んだほうが断然、子どもの理解が早いので、JPREP（私たちの塾）では日本人講師が担当します。私たちの場合は小学3、4年生に中学英語の文法を教えていますが、それが可能なのはステージ5までをきちんとこなしているからです。ご家庭の場合は無理に早く指導する必要はありません。子どもは理解力や記憶力が年々発達していきますから、学習が遅れたとしてもその分、短期間で学ぶことができるので安心してください。

【使う教材など】

●文法

『Grammar Friends』シリーズ（Oxford University Press）

● **英検5級、4級の教本や問題集**

英検4級に合格したら『Basic Grammar in Use Student's Book with Answers and Interactive e Book: Self-study Reference and Practice for Students of American English』（Cambridge University Press）

● **音対文字の比率……6：4**

POINT

- ロードマップはあくまでも目安。
- 得意なことはどんどん進めて良い。
- 小学生の間は「音」から「文字」へ徐々に移行。

Question 04

英語に興味を持ってもらう方法を教えてください①

Answer

英語との接点を増やしましょう

塾に子どもを連れてくる親御さんは、当然、私たちに「英語を教えること」を期待されてくるわけですが、その様子を見ていると「ここに連れてくるまでに家でやれたことがあったのでは」と感じるケースが少なくありません。

それは何かというと、ロードマップでも紹介したステージ1。**英語に興味を持ってもらうこと**です。私たちの講師も子どもたちを英語好きにするために知恵を絞っているので何回か通ううちに英語好きになっていく子がほとんどです。しかし、なかには終始やる気の出ない子どももいます。興味もないことを一生懸命勉強する子はいないので、結局は英語が身に付かず、最後はやめてしまいます。

ではどうやったら英語に興味を持ってもらえるのか？

最初にやるべきことはやはり、日常生活のなかで英語が身近にある環境をつくることだと思います。方法はいくらでもありそうですね。

- **英語でディズニー映画などを一緒に観る**
- **英語のYouTube動画を見せる**
- **親御さんがくつろぐときに英語のYouTubeを観る（その姿を見せる）**
- **英語のニュース、番組、ラジオを流しっぱなしにする**
- **英語の曲（洋楽や童話）をBGMにする**
- **英語の絵本、雑誌、新聞を生活空間に置く**
- **英語でのリモート会議の様子を子どもに聞かせる**

● 海外旅行に行く

● 海外出身の友人を家に招待する

ほかにもまだたくさんありそうですが、**とくに大事なのは「耳からのインプット」**です。私も子どもたちが小さいときは車内では英語の童謡を流していましたし、子どもが大きくなるにつれ流行の洋楽を流すようにしました。「これを聞きなさい！」ではなく、本当にごく自然なBGMとして英語が流れている環境をつくることができると、子どもも英語に対する興味が向くかと思います。

もし子どもから「なんで日本語じゃないの？」と聞かれたら、「英語のニュースのほうが情報が早いの」とか、「吹き替えって原作の良さがなくなるから嫌いなの」とか、「英語のほうが面白いコンテンツが多いからさ」と、英語のメリットをさりげなく語ってみてはどうでしょうか。

一方で母語である日本語を蔑ろにして、英語を優先させるという態度はおすすめしません。ここで取り上げた英語環境の構築は、家庭では日本語でも知的なやり取りを行っている前提で提案しています。

◉英語が耳から入ってくる環境を用意する！

Question 05

英語に興味を持ってもらう方法を教えてください②

Answer

子どもの「好き」から入りましょう

英語がなんとなく身近なものだと感じてもらえるようになったら、**子どもの好きなことに英語を絡めていくのが定石**です。きっかけづくりだけではなく、英語学習を続けていく上での基本でもあります。

そもそも**英語は究極的には「テストのために勉強する科目」ではなく、「自分がやりたいことを支援する道具」ですから、「英語って便利だな」と実感できるような体験をたくさんさせてあげてほしい**と思います。

一番わかりやすいのはアニメや映画、あるいは子ども向けのYouTubeコンテンツの視聴になるかと思いますが、それ以外にも好きなことに英語を絡める方法はいくらでもあります。

- **電車が好き↓駅名のローマ字をフォニックス読みする**
- **特定のキャラクターが好き↓そのキャラクターを使った教材などを買う**
- **マインクラフトが好き↓海外の実況動画を見せる、英語が必要なMODを入れる**
- **サッカーが好き↓英語実況の試合動画を見せる、海外クラブの公式サイトを見せる**
- **オンラインゲームが好き↓英語のチャットに挑戦させる**
- **サイエンス系が好き↓英語の子ども向け科学雑誌・図鑑を置いておく、英語のサイエンス系動画を見せる**
- **アート・デザイン系が好き↓英語の画集・デザイン集などを置いておく**

●工作が好き→海外のDIY系動画を見せる
●恐竜が好き→日本語版と英語版の恐竜図鑑を用意する
●ハリー・ポッターが好き→日本語版と英語版の小説を用意。映画も英語で観てみる。

子どもがどんなことに興味を持っていて、どんなやり方ならモチベーションが続きやすいのかを一番理解しているのは親御さんです。私たち教育者も子どもの興味を把握しようと努力はしますが、どうしても限界があります。家庭学習の際は、ぜひそのアドバンテージを活かしていただきたいと思います。

ひとつだけ注意点を補足すると、子どもの「好き」を見越して親御さんがなにかを用意したとしても、期待した反応が返るとは限りません。「せっかく買ったのに……」「せっかく準備したのに……」といった空振りは当たり前。「食いついてくれたらラッキー」くらいの感覚でいたほうが親御さんのストレスも減るはずです。

POINT

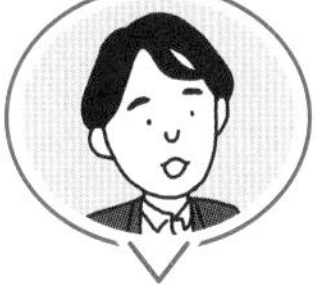

- 好きなことならやる気が倍増。
- 「英語は便利なんだ」という体験をさせてあげる。

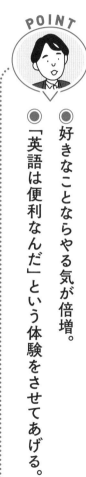

Question 06

アルファベットの練習はどうすればいいですか?

Answer

「読める」が最優先。次に「なぞる」。「書く」は最後です

いま日本の小学校では3年生からアルファベットを読む練習をし、5、6年生で書く練習をします。人によっては「ペースが遅すぎる!」と思われるかもしれませんが、**「書く」の前に「読む」、「読む」の前に「聞く・話す」がくることが重要**なので、私は小学校のペースでもとくに問題はないと思っています。

もちろん家であれば未就学児あるいは小学校低学年から「読む」をはじめてもまったく構いません。この年齢では「読む」は基本的に音読を意味します。十分なペ

ースで多読するようになったら黙読も混ぜていきます。

一番やってはいけないのがひらがなすらきれいに書けない小さな子どもに、アルファベット用の罫線の入ったドリルのようなものを買ってきて、何度も書かせるような指導です。日本の1年生が受ける清書指導と同じノリでアルファベットの練習をさせる親御さんが多いのですが、そこまで子どもを追い込む必要はありません。書く能力は個人差も大きいので、ネイティブの子どもでも小学校でdとbの鏡文字を書いてしまうようなこともあります。

もちろん子どもが英語を書きたがっているのであれば（たとえば普段のお絵描きで英単語を書こうとチャレンジする子など）、どんどん練習させてあげてください。その導入としてはなぞり書きをしながらアルファベットの書き順と形が覚えられるトレーニングのワークブックなどを活用するといいでしょう。タブレット教材もたくさん種類があります。

なぞり書きの教材として個人的におすすめなのは、Ｋｕｍｏｎが発売しているワークブックです。非常によくできており、英語版のワークブックはアメリカ人も使っているくらいです。そういったもので遊び感覚で練習してもらい、親としては完璧を求めず、「自分で練習しているんだ。偉いね。きっとうまくなるよ」と褒めてあげてください。

たまに生徒が中学校で受けた中間テストなどを見せてもらうこともあるのですが、音声の基礎を習得する前の生徒に対して、スペルを完全に正確に書かせる問題を出し過ぎだと毎回思います。そうした指導が英語嫌いを増やしていることにいい加減、学校関係者も気づいてほしいです。

最初はとにかく読み。書きに関してはなぞることから入り、不正確でも許容する態度が必要で、徐々に書き順ワークに入っていく。この流れがいいと思います。

また、アルファベットを読む練習としては教材などをわざわざ買わなくても、身の周りにある英語を見つけてアルファベット読みしてみるという遊びでも十分効果があります。私は幼少期から街中の看板や商品のパッケージなどに書かれている文字を読むのが大好きで、（おそらく親に読み方を教わったのだと思いますが）小学校に上がるころにはアルファベットの読み方を覚えていました。その場合は親御さんがLとRの発音をきれいにできるのかという問題がありますが、最悪、日本語読みでも大丈夫です。

アルファベットの読み方を覚える最強の方法はやはりABCソングです。YouTubeで検索すればいくらでも出てくるので、子どもが一番食いつきのいい動画を探して定期的に観るといいでしょう。

ABCソングには英語圏バージョンと日本向けバージョンがあり、テンポが違います。ABCソングを覚えるなら断然、英語圏バージョンがおすすめ。LMNOPの箇所が「エレメノピー」と早口になり、最後に「Next time won't you sing with me?」などの歌詞が一文だけ入っているものです。

英語圏バージョンのリズムは英語のリズムを体に叩きこむには非常に優れた教材なので、最初は真似が難しいかもしれませんが、ぜひ何度も歌わせてあげましょう。

- まちがっても「きれいに書く」から入らないこと。
- ＡＢＣソングは英語圏バージョンがおすすめ。

Question 07

発音をよくする方法を教えてください！

Answer

音声学を熟知した日本人に教わると一気に開眼する可能性があります

「流暢な英語を話せるようになるにはネイティブの先生に習うのが一番！」と考えるのが一般的かもしれませんが、実はそうとも言えません。

たとえば日本語を当たり前のように話す私たちが果たして日本語の正しい発音を理屈で理解しているかというと、案外わかっていないと思います。たとえば「ん」の音には3種類あって、「日本橋」の「ん」は「m」であるということを知らない人が多いわけです（駅名のローマ字もNihombashiで、mになっています）。**英語のネイティブスピーカーも自分が話している言語は自然に体得したものなので、それを再現するための仕組みをわかっていない可能性があります**。ですから日本人の子どもが多少ずれた発音をしていたとしても、「子どもだからこんなものだろう。まったく伝わらないわけではないし」とスルーしてしまうことがよく起きます。

私たちの塾では発音の基礎に関しては日本人講師が教えるようにしています。日本人だからこそ日本人の癖がわかっていますし、日本語で説明されたほうが子どもも理解しやすいからです。

たとえば口を指3本分開けましょうといったことを小さな子どもに英語で説明してもなかなかわかってもらえません。「みなさん口を開けましょう。まず指1本分で。次は2本分。次は3本分」といった感じで日本語で丁寧に教えることで、英語の耳ができてない子どもでも狙った音が出せるようになります。

そこで基礎を固め、ネイティブの講師にバトンタッチして練習してもらう、という形をとっています。

英語の発音をわかりやすく解説した本はたくさん売っています。大人向けのフォニックスの本もあります。

親御さんが英語を苦手としていて、子どもの学習に付き合うのであれば、いい機会ですから発音の基礎を練習し直してみてはどうでしょうか。発音法を学ぶことで親御さんの英語力が向上することも十分あり得る話です。

POINT

- **「発音を習うならネイティブから」は間違い。**
- **細かい発声法は日本語で丁寧に学ぶと効果的。**

Question 08

単語の覚え方のコツを教えてください！

Answer

「単語とお友達になりましょう」というアドバイスをよくします

単語を覚えるときの大前提となる話としては、**新しい単語を覚えようとする前にフォニックスを一通りやっておくこと**をおすすめします。音素認識をある程度確立させてから単語を覚える作業に入ったほうが、スペルが定着しやすいからです。

たとえばtruckとtrackという2つの単語があるとき、音素認識ができない子どもはそれぞれの言葉の意味を理解していたとしても、両者とも「トラック」と日本語読みをしてしまいます。本人のなかで音が同じだということは、いざ文章のなかで「陸上競技で使うトラック」のことを書こうとしても、「あれ、どっちだっけ?」ということが起こりやすい。単語の意味を覚えても実際の使い分けができなければあまり意味がありません。

そもそも英語には同音異義語がいくつもあります(discreetとdiscrete、doeとdough、fareとfairなど)。英語に慣れた人でも同音異義語が出てくると厄介さを多少感じるはずです。その点、音素認識ができない子どもは同音異義語が何十倍、何百倍もあるようなイメージ。混乱するのは当然で、もちろん会話のなかで言葉が通じなかったり、聞き間違えが起きたりする可能性も高くなります。**フォニックスをしっかりやっている子どもは、単語を覚える段階で両者を違う音として覚えるので、そうした混乱が起きづらくなります。**これがひとつのポイントです。

音素認識をひと通り済ませたあとの話をすれば、**私はいつも子どもたちに「単語とお友達になりましょう」とアドバイスをしています。**

「単語を覚える」という行為はシンプルなように見えて多くの側面があります。意味を覚える、スペルを覚える、発音を覚える、品詞を覚える、語法を覚えるなどいろいろありますが、小学生には難しいので「お友達」という例えを使っています。

以下、生徒たちに語り掛ける体でその説明をしますので、家庭で子どもに説明するときの参考にしてください。

お友達はどんな人かというと、まず名前を知っていて、正しく呼びかけることができます（発音のこと）。名前を間違って呼ばれたらいい気持ちはしませんから、単語を覚えるときは正しい発音で読んであげることが大切になります。

つぎに、お友達であればどんな子なのか知っているはずです（意味のこと）。人にはいろんな一面があるのと同じで、単語も複数の意味を持つこともあります。そのため、ひとつの意味を覚えただけでそのお友達のことがすべて理解できたと思わないように気をつけたいところです。

さらにそのお友達と仲良くなると、お手紙を書いたりすることがあるかもしれません。そのときお友達の名前を正しく書くためには、スペルも覚えたほうがいいでしょう。英語を学びつづけていくとお友達の数は数百、数千と増えていくのですべてのスペルを覚えるのは大変かもしれません。でも何度も出会うお友達なら、頑張って覚えてみましょう。

◎単語の暗記をはじめるのはフォニックスができてから。

◎単語でまず覚えたいのは「発音」と「意味」。

◎余裕ができたら「スペル」。

Question 09

単語はどんな方法で学ぶといいですか？

Answer

ピクチャーディクショナリーと多読がおすすめです

スタートはまず音素認識から。フォニックスを習得するにあたって重要な単語になじんでいくことから始まり、次に具体的で出現頻度が高い単語を覚えていきます。

これらの単語を覚えるには、**子ども向けのピクチャーディクショナリーがおすすめ**です（絵と対応する英単語が書かれているシンプルなもの。日本語訳やローマ字の読み方が書いてあるものは避けましょう）。

そこからはたとえばphilosophyやanalyzeのような、アカデミックで使用頻度がそこそこ高く、抽象的な単語を覚えていきます。さらにそこからは徐々に専門的で具体的な単語へと進んでいきます。実用レベルの英語を話すには語彙数は1万くらい（ネイティブで4万くらい）といわれていますが、単語はこのような順番で学んでいくのが定石となっています。

出現頻度が低い単語はある程度システマティックに覚える必要がでてきます。ただ、そうしたシステマティックな学び方は中学生以降にやるもので、小学生の段階では基本的にはフォニックスのカリキュラムを重点的にこなし、サイトワーズも少しずつ覚え、さらにピクチャーディクショナリーで単語を増やしていけるといいでしょう。

ピクチャーディクショナリー以外で小学生におすすめの単語勉強法は、多読です。

語彙習得について研究した論文を見ると、**一般的に単語は12回遭遇しないと習得できない**と言われています。

大雑把な計算をすれば、1万語を目指すなら100万語ぐらいは読む必要があるわけです。その100万語にどういうステップを踏んで到達できるのかは、初期英語教育のカリキュラムプランナーの腕前が問われるところです。

多読で難しいのは、子どもが好きなテーマの本を優先してあげたい一方で、入試や学校の授業を考えると、好きなものだけでは単語に偏りが出てしまうことです。ですから子どもの興味があること以外の本もランダムな形で触れさせていくことも大切で、そのあたりは周囲の大人（とくに教育者）がうまく調整していく必要があります。

小学生の間に英検2級など高いレベルを目指す子どもは、語彙を習得するアプリや単語帳、単語カード、テストなどを使った詰め込み系の勉強もアリだと思います。知識を強制的に詰め込むにはどうしても間隔反復が欠かせませんし、ピクチャーディクショナリーではカバーできない抽象的な言葉も覚えていかないといけないので暗記は決して悪くありません。

ただ、**暗記をするにしても普通の学校の授業で暗記作業が増えていく小学校中学年から高学年くらいまで待ったほうがいい**です。

- 具体的で頻出する単語を覚えるにはピクチャーディクショナリーがおすすめ。
- 低学年から多読をすることで語彙は確実に増える。

Question 10

日本語変換しないほうがいいと聞きましたが本当ですか？

Answer

10歳くらいまでは英語を英語で学べるといいと思います

flowerやdogのような、花や犬以外に訳し方がない単純な名詞などを覚えるときは、（わざわざ日本語にする必要はないですが）日本語を介してもとくに大きな問題はないと思います。しかし、**複数の意味を持つ頻出の動詞などは、できるだけ日本語に変換しないで覚えてもらうほうがいい**です。

たとえば動詞のtake。この言葉が出てきたときに周囲の大人が「takeは『取る』という意味だよ」と教えてしまうと、take a bathが「お風呂を取る」になってしまい、子どもは混乱するでしょう。そうかといって、takeの活用法をすべて列挙して大量の日本語訳を丸暗記するのも、小学生相手では現実的ではありません。

それよりも「takeは自分の陣地に取り込む」くらいのイメージで覚えておいたほうが、圧倒的に活用がしやすくなります。ちなみに「お風呂に湯を張る」はrun a bathで、これも英語のまま覚えていないとすんなり出てこない表現です。

動詞のhaveもいろいろな意味を持ちます。単純に「持つ」で覚えてしまうと、have funやhave breakfastといった表現がすんなり理解できません。こちらも「自分の陣地がボヤっとあって、そのなかにhave の対象がある状態」をイメージしたほうが覚えやすいはずです。

あるいは「スープを飲む」と表現したいときに、「飲む＝drink」と覚えていると、実際の英会話で使われる「eat the soup」という表現が出てきません。スープはカトラリーを使って飲むので動詞はeat。容器から直接飲む、あるいはストローを使って飲むときだけdrinkを使います。

このように、**英語の動詞のなかには日本語に直訳すると覚えづらいものがたくさんあります**。だからこそ英語のイメージそのままで捉えることが重要なのですが、イメージを図や言葉で教えるのも小学校低学年くらいだと少し難しいでしょう。小さい子ども向けの英会話教室などで身体動作を伴うさまざまなアクティビティでは、文字通り、イメージとしてその動詞を覚えてもらおうとするのです。

私なりの考え方としては、**だいたい10歳くらいまでは英語を英語で学ぶ、つまりわざわざ日本語に訳さない学び方をおすすめしています**。

「子どもに『これどんな意味?』と聞かれたら日本語で答えるしかないだろう!」というツッコミもあるでしょう。そのときは日本語で答えてあげても構いませんが、先ほどの例のように、対応する日本語訳が複数ありそうなときはイメージを伝えることを意識してみるといいと思います。

英語を英語のまま捉え、覚えてもらうわかりやすい方法は、イマージョン教育です。いちいち日本語変換をする余地がないので目や耳に入ってきた英語をすんなり理解できますし、自然な英語の言い回しを使えるようになります。

しかし、オールイングリッシュはものすごいストレスを感じる子どももいますし、よくわからないまま英語漬けの状態が続くよりも適度に日本語で説明が入ったほうがモヤモヤした気持ちが解消されて次の一歩に進みやすい子どももいます。なにが子どもに合うのかは常に見極めていかないといけません。

- **英語は英語のまま覚えるのが基本。**
- **複数の意味を持つ語句はとくに要注意。**
- **日本語訳が厳禁というわけではない。**

Question 11

文法の知識がなく英語を学んでいくイメージが湧きません

Answer

幼児と一緒で「フレーズの塊」を「耳」で覚えていくイメージです

英語の基礎ができていない子どもに文法指導は不要で、小学校高学年や中学生以降まで待ってもいいという話を何度かしていますが、「そんな方法で英語を学んでいくイメージが湧かない」と疑問を持たれる方も少なくありません。ご自身がかつて受けた文法を中心とした英語指導法とまったく異なるからです。

ちなみに文法を教えることがすべて悪いといっているわけではなく、子どもから質問されたときにわかりやすく説明してあげるのは構いません。よくわからない状態が気持ち悪いと感じる子どももいるので、そこは臨機応変に対応すれば良いと思います。

では**文法の知識を頭に入れずに英語を学ぶとはどういうことかというと、帰国子女の子どもたちが現地で英語を学んだ手順、あるいは日本語を話し出す幼児と同じです。**よく聞くフレーズと状況の対応関係を塊として記憶し、自分なりに使っていく。そんなイメージ。

耳から入ってくる大量のインプットを参考にパターンを見いだし、「こういう場面ではこういうことを言うよね」「あれ、こんなフレーズは聞いたことないから違うかも」と、自分なりに最適解らしきものを引っ張り出そうとするわけです。

たとえばこういう文章があったとします。

I have a pineapple.

He has an apple.
Does he have an apple?
Yes, he does.

子どもがこういうフレーズに何度も遭遇していれば、三人称単数のsといった知識がなくても「He」と「has」の組み合わせがスッとでてくるかもしれません。あるいは「apple」の前には「an」がくることにも気づくかもしれません。

もちろんそれだけで完璧に英語を話せるようになるには相当なインプット量がないといけないわけで、英語漬けの生活を送っていないとなかなかできません。でも、その途中くらいまではいけるわけで、**いざ文法を学びだしたときに「なるほど、そういうことだったのか!」と、断片的な記憶が一気につながっていきます。**

意味がわからないなりに英語のシャワーを浴びる学び方が決して無駄ではないということがおわかりになったでしょうか。

POINT

- 子どもはフレーズごと記憶していく。
- だからこそ大量の英語と触れることが大切。

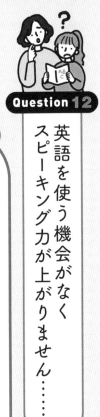

Question 12

英語を使う機会がなくスピーキング力が上がりません……

Answer

音読やシャドーイングもいい予行演習になります

インターナショナルスクールに通ったり、外国人の多い地域に住んだりしていない限り、日本で同世代の外国人と英語で会話をする機会はどうしても少なくなります。ＪＰＲＥＰの親御さんたちを見ても、ＮＰＯなどが実施している国際交流イベントや地域在住の外国人が集まりそうなイベントを探しては子どもたちにリアルな英語を練習させています。公園で英語を使っている外国人親子を見かけたらどんどん話しかける積極的な親御さんもなかにはいます。

ただ、地方在住の方などでそうした機会もめったにないのであれば、やはり**手ごろな価格で受けられるオンライン英会話が選択肢になるでしょう**（子どものやる気や相性次第になります）。数年後にはAI相手に会話の練習ができる環境が整うと予想しますが、それまでは人間の講師に頼るしかないでしょう。同世代の子ども同士の自然な会話というわけにはいかないものの、小さな子どもとの会話に長けた講師もいます。

スピーキング力は実は奥が深いテーマで、ネイティブとの会話の機会が増えれば、それだけでスピーキング力が上達するとは言い切れません。たとえば日本語で寡黙な子どもが英会話教室に入っても（もしくは海外に移住しても）、スピーキングの上達が遅いということはよくある話です。もちろん、そんな子どもでも年齢が上がると日本語も英語も急に饒舌になるケースもあります。

そのため、「機会さえ与えればすぐに上達するのか」、「機会を与えてもあまり変わらないのか」、もしくは「もう少しあとに機会を与えれば伸びるのか」といった見極めが必要になるのですが、この見極めがプロの講師でも難しいのです。

いずれにせよ**応用言語学でよく言われるのが「インプットなきところにアウトプットなし」ということ。インプット9に対して、アウトプット1の割合で練習すると効果的だと言われています。**そう、意外とインプット量が多いのです。

ですからいま機会がないからと言ってあまり焦る必要はないかもしれません。たくさん聞く、見る、そして読むという英語学習の基本をまずはしっかりしましょう。

とはいえ、アウトプットをしたことがない子どもがいきなり英語を話すのも難しいですから、**インプット兼アウトプットの準備体操として、会話文の音読や、映画やアニメの会話部分のシャドーイングをしてみるのもおすすめです。**

大人向けの練習法として有名ですが、会話例にたくさん触れておけば、完璧ではなくてもある程度即興で真似ができるので、子どもでも十分効果は期待できます。

POINT

- 機会をつくることができるかは親御さん次第。
- インプットが大事なので焦る必要はない。

Question 13

学習した内容を忘れないようにするにはどうすればいいですか？

Answer

興奮状態で学ぶのが一番のコツです

学んだことを記憶に定着させるコツは、「楽しく勉強する」と「恥ずかしい体験をする（失敗する）」です。

楽しいときはアドレナリンが大量に分泌され、記憶がはかどります。小学生の勉強はいかに楽しみながらやれるかが勝負。何か新しいことを学ぶときもゲーム形式やクイズ方式にするなどして、できるだけ娯楽性を高めるといいでしょう。

同じく、人は恥ずかしさを感じているときもアドレナリンが大量に出ます。たとえば学生時代にみんなの前で間違えた問題をいまだに覚えていたりしませんか？人前で恥ずかしい体験をすると絶対に同じ間違いをしないように気を付けるので、強烈に記憶に残ります。私も生徒たちに「間違えたことは忘れないから、君たちにとって実はいいことなんだ。だからどんどん手を挙げてね」と伝えています。

一方で、**学年が進んできたら記憶しないといけない情報量が増えるので、どうしても反復学習が必要になります**。忘却曲線によって徐々に薄れる記憶を、一定期間を置いて改めてインプットする間隔反復を繰り返していくと、長期記憶として定着していきます。これはみなさんもご存じの定番テクニックです。

ですから**忘れないコツを挙げるとすれば、この3つ。楽しい、恥ずかしい、そして反復学習**です。

反復学習は急に「勉強っぽい」雰囲気がでるので、慣れていない子どもは小学校高学年まで待ってもいいと思います。英語を学ぶことが大好きで、暗記も比較的得意で、もっと単語を覚えたいという子どもなら反復学習を早めにやってもいいですが、親御さんとしては「こういう覚え方もあるよ」とアドバイスするにとどめ、親御さんが命令してやらせるようなものではないと思います。

それに子どもたちの様子を見ていると、楽しいというだけで忘れなくなる子どもが本当に多いです。**小学生の間はできるだけ単調な反復学習だけに頼らず、楽しく英語を身に付けていくことを目指してほしい**と思います。

- **アドレナリンが大量に出た出来事は記憶しやすい。**
- **小学生の間は「楽しい勉強」で記憶の定着率アップを目指そう。**

Question 14

読書習慣をつけるには どうしたらいいでしょうか？

Answer

家のなかを「生活感だらけ」にしてみてはどうでしょうか

先ほどから何度も多読の重要性について書いていますが、「英語以前に日本語の本すら読んでくれません」という相談をよく受けます。子どもにいかに本好きになってもらうかは多くの親御さんの悩みだと思います。

私自身は物心がついたときから活字中毒で、英語を独学で学びだしてからは英語の本も趣味として読んできました。私が育ったのは30軒くらいしかない小さな集落で、同級生はわずか5人。全員男の子で、みんな農家の子どもですから、「勉強だ！受験だ！」といったノリの家庭もありません。そんなのんびりした環境のなかで暇さえあれば本を読んでいる私は、かなり浮いた存在でした。

そういう個人的な体験を踏まえると、小さなころから本ばかり読む子どもは、ある程度、先天的に決まるような気もしています。ただ、そうはいっても周囲の大人が誘導することで、ある一定程度なら読書に興味を持ってもらうことはできると思います。

親御さんにできることを4つ紹介します。

①身近に本がたくさんある環境をつくる

これはよく言われる話ですが、まずは本が身近にたくさんあること。子どもが興味を持ちそうな本を買いそろえておくだけではなく、親御さん自身の本棚にも本が大量にある。そして親御さんも毎日本を読んでいて、その姿を子どもが当たり前の景色としてみている。毎日、家族で読書の時間をつくることができればな理想的です。

②読み聞かせ

絵本の読み聞かせは言葉の習得に役立つだけではなく、本の楽しさを子どもの記憶に植え付けるためには恰好の習慣です。

読み聞かせの方法もいろいろあり、絵本に出てくるちょっとした絵などをきっかけに話題を広げてみたり、印象的なセリフがでてきたときに「なんでこういうことを言ったんだろうね」と子どもに問いかけたりするダイアロジックリーディング（対話型読書）のような手法もあります。

「本は集中して黙って読むもの」という印象が強いかもしれませんが、実際、大人が本を読むときは考えながら読むはずです。その「考えながら読む」という行為を子どもと一緒に行うことで、「本の楽しみ方」を教えることができます。

③識字教育に熱心な幼児教育機関を選ぶ

読書習慣は幼稚園や保育園の影響も大きいと感じています。

私の娘が通っていたアメリカの幼稚園ではフォニックスを筆頭に識字教育に非常に力を入れている施設で、幼稚園児でもどんどん本を読ませていました。すると周囲のプレッシャーもあって娘も本をたくさん読むことになり、小学校に上がる段階で読書は習慣になっていました。

嫌いなことを無理矢理させるのは問題ですが、早い時期に読書のような生涯役立つスキルや習慣を、本人が苦痛を感じない範囲で獲得させることは悪いことではないと思います。

④活字の多い空間に変える

それでもなお子どもが本に興味を持ってくれないとさすがにあきらめモードに入りそうですが、まだできることはあると思います。

私が最近気になっているのが若い家族の居住空間です。まるでホテルのような生活感を感じさせないおしゃれなインテリアが人気のようです。ただ、子育てを考えると少し無機質すぎる気がしています。

私の実家を思い返すと、壁には地元企業が配っているカレンダーがかけてあり、手の届く範囲に新聞や雑誌、電話帳など活字媒体がいくらでもありました。喉が渇いて冷蔵庫に行けば、チラシや学校の連絡網、レシピのメモなどがたくさん貼ってある。もはや生活感しかない空間でしたが、だからこそ私も大量の活字に触れることができました。

いまの時代はほとんどの活字が情報端末に収まってしまったことで家のなかから文字が減っています。だからこそ、意識的に生活空間に文字情報を増やしていくこ

とが大切ではないかと思っています。

簡単なところでいえば紙の雑誌の定期購読はおすすめです。日本語でも英語でも構いません。親向けに1冊、子ども向けに1冊でいいと思います。そういったものがリビングのテーブルに無造作に置いてあると、子どもも暇なときにパラパラとめくって読んでくれるかもしれません。デジタルの利便性は十分理解できますし、私自身も活用していますが、文字に行き着くまでのステップの少なさを考えるとまだ紙媒体の優位性はあると思います。

活字が生活の一部になっている環境をまずつくることからはじめてみてはどうでしょうか？

- 先天的に本好きの子どももいる。
- 親にできることはすべて試してみる。

Question 15

英検®2級に受かりました。英語学習は小休止していいですか？

Answer

せっかく英語が得意なら勉強を続けてください

実はこれ、ＪＰＲＥＰの親御さんから本当によく言われることです。

小学校低学年から英語をやってきて、小学校高学年で見事、英検2級に合格。これだけのアドバンテージができたのだから当面は英語の勉強をやめて他の科目の勉強に時間を割きたい、あるいは受験対策では過去問を解くくらいで十分ではないか、といった相談です。

正直、危険な考え方だと思います。

そもそも日本人の子どもが流暢に日本語をしゃべるからといって国語の勉強が不要かといったらそうではないはずです。語彙を増やしたり、読解力を鍛えたり、人に伝わる文章を書いたり、日本語で思考したりと、やるべきことはたくさんあります。それと同じで**英語が少し自由に操れるようになったからといって学びを止める理由にはなりません。**英検2級に合格するために幼稚園のときから勉強を続けてきたというなら仕方がないですが、きっとそうではないはずです。

それに**社会に出たときに英語力を武器にしてあげたいと思っているなら、英検2級では話になりません。**高校生、大学生で2級を取る学生はいくらでもいますし、いざ社会に出れば何歳でどんな資格を取ったのかなどだれも気にしません。

やはり親御さんも子どもも勘違いしてはいけないのは、小学校のときにどれだけ勉強ができたとしても、それは社会に出たときの成功を意味しないということです

（逆もまたしかりで、小学生のときに勉強が苦手でも焦る必要はありません）。

イェール大学では飛び級で入学してくるChild Prodigy（神童）が何人も学んでいます。大学側も慣れているので特別扱いはしませんが、そんな子どもが大学院あたりで伸び悩み、ドロップアウトしてしまうことはよくあります。もしくは社会にうまく適応できずに精神を病んで、平凡で静かな生活を送る選択をした同窓生もたくさんいます。

神童の例は少し極端かもしれませんが、やはり子どもの教育を考えるときに、いまできることに安住することは考え物です。**人生は決して平たんではありませんから、生涯に渡って自分を成長させ続ける冷静な態度、あるいは挫折したときに立ち直ることができるレジリエンスを子ども時代から身に付けていってほしい**と思います。

そうした姿勢は基本的に子ども時代の親御さんとの関わりのなかで培われるもの

なので、親御さん自身がそこの履き違えをしないでほしいと強く思います。

あとは単純に、楽器の練習と同じで、語学も使わないでいると、どんどん忘れてできなくなっていきます。

一方で、他に集中すべきなにかがあるのなら、割り切って中断して、一定のブランクの後に再開することがあっても仕方ないでしょう。中学受験をする生徒には、無理するよりは受験に集中しなさいと伝えています。

POINT

- **英語学習の目的を思い出しましょう。**
- **いまできることに安住する態度は危険です。**

Question 16

帰国子女の子どもが英語を忘れない方法を教えてください！

Answer

「聞く」「話す」だけではなく、意識的に「読む」「書く」も続けてください

ＪＰＲＥＰは帰国子女の生徒も多いので、英語のリテンション（維持）に関する相談をよくいただきます。私がいままで指導してきた帰国子女で実際に英語を忘れてしまった子どもと、英語力を向上させていった子どもの一番の違いは、ずばり、読む量の違いです。

大半の帰国子女は会話力を中心に維持しようとします。リスニングは英語でＹｏｕＴｕｂｅや映画を観たりすることで対策し、スピーキングに関しては英会話のチ

ューターを付けることが多いです。

しかし、**幼少期に海外で2、3年暮らしたというレベルの子どもはすぐに英語を忘れます。リスニングとスピーキングは小さい子どもにとって吸収しやすい技能であると同時に、忘れやすい技能でもあるからです。**日本に帰国して日本語での勉強を大量にこなしていくにつれ脳の記憶領域から英語の記憶が押し出され、消えていくイメージです。

ちなみに11歳～15歳くらいの間に経験することはその子どものバックボーンになることが多く、中学生で帰国した子どもの英語は比較的衰えづらい傾向があります。

では幼少期に身に付けた英語を脳に定着させるにはどうしたらいいかというと、脳が汗をかくくらい英語をインプットし、処理させないといけません。

情報が大量に入ってくると脳はその情報をコンパクト化して保存しようとする機

能があります。その点、リーディングは処理する情報量が会話と比べて多く、さらにライティングも練習することで脳が英語を処理する機会を増やすことができます。

もちろん英語で動画を観たり、英会話のチューターをつけたりすること自体はまったく問題はありません。しかし、応用言語学の知識を持っているチューターであれば、1時間会話を続けるよりも、そのうちの20分でもいいので読書課題や作文課題をこなさせて4技能を満遍なく刺激し続けることが重要であることを知っています。

帰国子女の英語学習について重要なことを書くと、「帰国子女だから英語の勉強はしなくていい」と思っている子ども（や家庭）はあっという間に英語を忘れ、同級生に抜かれます。

たとえば小学2年生の帰国子女なら本が読めない子も多いですし、文法もあまり理解していません。それでも小さな子どもが英語を話せるのは、英語という言語をちゃんと理解しているというより、日常生活のシーンに紐づいた英語のフレーズがパッケージとしてぼんやり記憶に残っているにすぎません。

ですからその記憶もなくなれば、残るのは音感くらいしかありません。ということは、日本で同時期にフォニックスを勉強してきた同級生と実はそこまでの差はないのです。

逆に考えてみましょう。日本で幼少期を過ごした外国人が小学2年生で母国に帰り、「僕は小学2年まで日本で育ったから日本語は完璧さ」と誇らしげに言ったとしたら、どこまで信頼できるでしょうか。

帰国子女の英語力も習得したい言語スキルのうち入り口部分を触っただけで、学習はむしろこれからだという謙虚さが大切です。

この謙虚さは、とくにその子どもが自分の英語力の衰えを自覚したときに重要になります。かつてできていたことができなくなる体験は子どもにとっても心地良いものではありません。でもそのときに謙虚な姿勢を持てていれば、「忘れちゃったけど大丈夫。もう一回学べば思い出すはず」と前向きに捉えることができます。

もちろん子どもを卑屈にする必要はありません。子ども一人一人の海外生活はアイデンティティーの形成ですごく大切な意味を持ちます。ですから「まだまだ足りないよ」と子どもをけなすような言い方は避けたいですが、そこから先の学びがあるということは伝えてあげてほしいと思います。

- **脳に負荷のかかる「読み」「書き」をこなすことで英語脳を維持・発展させる。**
- **帰国時の英語力はゴールではなくスタート。**

Question 17

子どもがサッカーに夢中になり英語をやめたがっています。どうすればいいでしょう?

Answer

お子さんが熱中したいことを優先してはいかがでしょう。英語はいつでも勉強できます

「やりたいことがない」「夢や目標がない」という子どもが少なくないなか、**子どもが熱中できることに巡り合うことは尊いこと**です。私たちの塾でもこのようなケースは当然あり、親御さんから「先生からも引き留めるよう説得してください」とお願いされることがあります。

しかし、私たちのスタンスはあくまでも子どもファーストなので、「本人がやめたいというならやめさせて、サッカーを思いっきりやらせてあげればいいんじゃないですか」と伝えるようにしています。

英語学習にかけてきたお金や時間がもったいないという気持ちもよくわかります。しかし、**本人のやる気がないのに無理やり勉強させることも同じくお金と時間の無駄になります**。英語は本人のやる気が戻ったときに再開すればいいですし、英語のサッカーコンテンツを観るなど家庭でも英語に触れつづけることはできるので、英語力がゼロになるわけではありません。

一方で、スポーツや楽器、プログラミングのようなことは子どもが本気になったそのときに思う存分やらせないと意味がありません。

面白い例を紹介しましょう。

ＪＰＲＥＰの元講師で甲子園出場経験のある元球児がいます。高校は野球部が強い地元の商業高校を選びました。そんな彼が部活を引退して大学進学を検討するために模擬試験を受けたところ、英語の偏差値は23。なんと全国最下位だったそうです。

そんな彼は2浪の末に上智大学外国語学部に入り、フルブライト奨学金を取っていまはミシガン州立大学の大学院で英語教授法を研究しています。もうすぐ博士になる予定です。フルブライト奨学金は非常に狭き門の奨学金制度で、私は過去に落ちています。

こういう例もあるわけです。**何かに熱中して自分を成長させた体験や、その間に習得したコンピテンシーは、他のことにチャレンジをするときに活きてくるもの**です。

ただ、私は彼のことを思い出すたびに「自分が彼の親だったらどうしていただろうか」と想像してしまいます。彼は非常に地頭がいい子で、当然親御さんもそれを知っていたはずです。おそらく将来に大きな期待をかけていたのかもしれません。

そんな子どもが「僕は野球をしに商業高校に行く」と言い出したときに、果たして自分だったら「応援してるよ！」と素直に言えただろうか？　もしかしたら「お前の将来のためだから」と最もらしいことを言って野球をやめさせていたかもしれません。

何が正しいのかわからないからこそ子育ては悩ましいわけですが、子どもが小学校高学年くらいになって自分の頭で考えることができるようになってきたら、「これが正解だ。この道を進め」という決めつけを親がせずに、子ども自身に自己決定を委ねて、それによって起きる人生の変化を肯定的に見守ることが理想的な関わり方なのではないかと思います。

- **熱中体験こそ子どもにとって最高の教科書。**
- **できるだけ子どもの意志を優先しよう。**
- **やる気がないのに学習させるのは無駄。**

第3章

入試対策としての英語について知りたい！

Question 01

中学入試の英語はいまどんな状況ですか？

Answer

主流にはなっていません。人気校では大学入試レベルの問題が出されています

小学校5年生での英語必修化がはじまったこともあり、それまで帰国子女が中心に受けてきた英語入試を一般入試でも導入する中学校が増えました。首都圏の中学入試で英語試験を導入する学校は、２０１６年度入試では64校だったのが、２０２３年度入試では１４１校となっています（首都圏模試センター調べ）。ただ、**結論から言うと、英語は「本格解禁」と呼べるほどの主流にはなっていません。**10年前と比べると確かに増えていますが、実はここ数年は横ばいです。

中学入試の主流はあくまでも4教科（国語、算数、理科、社会）であり、関西なら3教科（国語、算数、理科）。男子御三家（開成、麻布、武蔵）も、女子御三家（桜蔭、女子学院、雙葉）も4教科で、英語入試は導入されていません。もし御三家で英語を導入する学校が出てくれば追随する学校が増え、メインストリーム入りする可能性はありますが、2024年2月現在、その動きはありません。

では現状でどのような学校が英語入試を導入しているかというと、男子校もしくは共学校の場合、高偏差値帯（英語教育に力を入れている人気校）と低偏差値帯の2極化が顕著になっており、中堅校ではほとんど導入されていません。

女子校になると少し事情が変わり、中堅校でも英語入試あるいは一定水準の資格（英検など）を持っていたら優遇措置を受けられる学校があります。

さて、多くの方が気になるのは「高偏差値帯」のほうかと思います。2007年に大胆な学校改革を行い「日本版インターナショナルスクール」という位置づけで始動したのが広尾学園（元順心女子）です。

三田国際（2007年改・元戸板女子）も海外大学の進学を念頭においたオールイングリッシュの環境があり、帰国子女を中心に人気です。

「従来のインターナショナルスクールより学費が安くて、海外の大学が狙えるなんて最高だ！」と多くの方は思われるでしょう。私も、自分の子ども時代にこんな学校があったらなぁと羨ましくなります。

しかし、**そこで出題される英語問題のレベルも、ある意味、「最高」です。**

英検1級を持っていようが、アメリカで育った帰国子女であろうが解けない可能性が高い大学入試以上の問題がゴロゴロ出てきます。

つまり、**英語は完成形に近いことが大前提。なおかつ知的に早熟で、幅広い教養を身に付け、自分なりの考え方を持ち、それを表現することが得意な子どもでなけ**

れば解けないような問題です。４教科入試の対策では一般的に小学４年生くらいから本格的に塾で勉強をはじめるわけですが、これらの英語入試に関しては小手先の技術では通用しません。

こうした高難易度の試験は２校だけの話ではなく、洗足学園、慶應義塾湘南藤沢、渋谷幕張、渋谷渋谷などの人気校でもみられ、英検準１級〜１級レベルの英語力が問われます。

英検３級や４級レベルの問題を出す学校もありますが、偏差値で言うと50を下回る学校が大半になります。

準２級はどうかと言うと、実はこのゾーンが最も選択肢が少なく、もう少し頑張って２級までいけば選択肢が少し広がります。英検２級レベルの英語力とは、アメリカやイギリスの中学校でいきなり授業を受けてもだいたいついていくことができるレベルです。そのため英語を使った授業を一部導入しようとしている学校や交換留学などを積極的に行っている学校などでは、最低ラインを2級あたりに置くというのも理解できる話です。

POINT

- 英語入試は中学入試の主流にはなっていない。
- 人気校では英検準1級～1級レベルの問題が出題される。
- 中堅校でも2級くらいの英語力が求められる。

Question 02

中学入試英語の最難関レベルではどのような問題が出ますか①

Answer

洗足学園の英語入試を紹介します

完成度の高い英語力を求める試験の例として、まずは洗足学園の英語入試を紹介します。

際立つのが分量の多さです。英語1科目入試（帰国A方式）の場合、試験時間1時間で100問出題されますので、非常に高速な処理が要求されます。内容自体も非常に難しく、文法、単語、コロケーション、読解力など総合的なスキルが求めら

22. I have finished my essay. There are some idea that still need to be researched, though.
A: essay. There / B: idea / C: researched, though

23. Rebecca enjoys to learn all about chemistry. She has a real reaction to experiments.
A: to learn / B: chemistry / C: experiments

B) Choose the word or phrase that best completes the sentence. On your answer sheet, write the letter of the answer you have chosen.

24. I stopped swimming in the ocean for good ______ I saw a shark off shore once.
A. before
B. when
C. after

25. It is simply required that Jack and George _____ on time to the party.
A. is
B. comes
C. be

26. Taking time off can have a major _____ on your mood and attitude toward work.
A. effect
B. affect
C. affection

27. Did you know that Jessica cheated off of ______
A. Jane, Becky, and I?
B. myself, Jane, and Becky?
C. Jane, Becky, and me?

28. I took no umbrella ______ the fact that it was raining cats and dogs.
A. to spite
B. despite
C. in spite

29. Jenny has been playing the flute _____ twelve years old.
A. since she is
B. since she was
C. sense she was

30. Wow, that is a ________ leather bag you have. Where did you get it?
A. fabulous, tiny, square
B. tiny, square, fabulous
C. fabulous, square, tiny

31. Charles has at least five years of experience _____ he needs for this job.
A. than
B. more than
C. more then

32. Harry is certain that it is __________ importance to read everything carefully.
A. of the more
B. of the utmost
C. of the utter

33. During the golf tournament yesterday, Gerry _____ the ball right into the hole.
A. puts
B. putted
C. putts

34. Given her project, Angela consulted ________ every day.
A. *The New York Times*
B. "The New York Times"
C. *the New York Times*

35. Yesterday, I wished my teacher _________ me how to do the problem differently.
A. would have shown
B. have shown
C. would had showed

れます。

右ページに掲載したような文法問題では、ＪＰＲＥＰで模範解答を作る際、ネイティブ講師に見せても正解が自明ではないということがしばしばあります。

また２０２０年度の入試では「ニューヨーク・タイムズ」の正式名称のどこが大文字かを問う変則的な問題も出されています。（前頁２０２０年度 帰国生Ｂ方式Ｂ）34参照）普通の小学6年生がそのようなことを知るわけがないので、日頃からニューヨーク・タイムズを読んでいるような子ども、あるいは生活環境のなかにニューヨーク・タイムズと接点のあるような子どもしか解けません。

このように**普段から知的な英語にどれだけ触れているかを問うような問題が、随所にちりばめられているのも特徴**かと思います。

合格ラインは6割くらいという情報も得ていますが、結論としては、こういう学校が求めているのは入学直後からハイレベルな英語であらゆる科目をこなす準備ができている生徒なのだろうという印象を受けます。また、洗足学園は面接試験も特徴的です。通常の面接試験で聞かれる一般的な質問や時事についての質問のほか、「自分を色に例えると何色か」や、「本の主人公に例えると、自分は誰か」などユニークな質問がされます。入試の前には学校が模擬面接を行ってくれますので、受験の予定がある場合は、積極的に受けたほうが良いでしょう。（詳細は洗足学園のウェブサイトをご確認ください）

- **非常に分量が多く早く解く必要がある。**
- **普段から知的な英語に触れているかを問う。**

Question 03

中学入試英語の最難関レベルではどのような問題が出ますか②

Answer

広尾学園の英語入試を紹介します

広尾学園の英語入試も難関であることで知られています。特色は、毎年公開されているサンプル問題では、英語のポエムが出題されることです。ポエムですから非常に抽象的で、その詩が日本語で出されたとしても解けない子どもがほとんどではないかと推測します。**つまり、英語力があるのは当たり前で、それにプラスしてかなり知的に早熟な子ども、普段から本をたくさん読んでいて、思考力、好奇心、創造性、そして幅広い教養のある子どもを学校が求めていることがはっきりとわかり**

ます。

もうひとつ特徴的なのが問題の最後にある作文です。毎年、長文問題とポエムはテーマが同じで、そのテーマと受験者自身の人生を絡めて文章を書かせるという難問が出されます。イメージでいうとイギリスの名門校の面接で聞かれるようなことをペーパーテストで問うているような感じです。筆記試験でありながら子どもの人間力を評価しようとしています。

- **抽象的なポエムが出題される。**
- **人間力を問う作文問題が出される。**

Question 04

もう少し簡単な問題を出す学校はないんですか?

Answer

慶應湘南藤沢の問題を紹介します

いま見ていただいた2校は最上位層の例で、比較的オーソドックスな問題を出す学校も当然あります。

たとえば人気中学の慶應湘南藤沢などは、英語が得意な子どもであれば点数が取りやすい正攻法の問題を多く出題します。たとえば、並べ替え問題（次頁２０２４年度 入試問題 Part B 1.）では「we had water dripping through the ceiling」のよ

5. David quit his job without telling his wife, _______ made her angry.

A. that
B. which
C. it
D. of which

6. _______ come to work five days a week.

A. Every worker has to
B. Every workers have to
C. Every worker have to
D. Every workers has to

7. If the diplomat hadn't shared his knowledge of the country with us, we _______ the chance to learn about its culture.

A. would never had
B. would never have had
C. will never have
D. had never had

Part B

Change the order of the words in the parentheses to complete each sentence. Write only the words in the parentheses on your answer sheet.

1. I slipped on the wet floor in the kitchen. I looked up and found that (ceiling / dripping / had / the / through / we / water).

2. We'd like to invite you to our house for dinner next week. On (are / available / day / do / think / which / you / you) ?

3. It (on / spot / that / this / very / was) Columbus first landed.

うに典型的な分詞の形容詞的用法の語順が問われており、正攻法の出題と言えます。ただし、同校は算数と国語も満遍なくこなすバランスを求めてきますので、英語だけで勝負することはできません。

ただ、点数が取りやすいといっても求められるのは英検準1級レベルの英語です(同校の公式発表)。**準1級は慶應や早稲田などの大学入試と同じレベルですから、小学校4年生くらいから英語を本気でやりだしたくらいでは正直、厳しいかと思います**。基本的には帰国子女やインターナショナルスクールの生徒、幼少期から熱心に英会話スクールに通って家でも英語を勉強してきた子どもが対象になります。

- **オーソドックスな問題を出す学校もある。**
- **ただそれでも英検準1級レベル。**

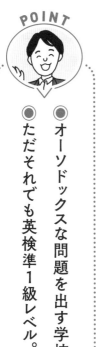

Question 05
なぜ中学入試の英語はここまで難しいの？

Answer
レベルを下げる必要性がないからでしょう

人気校の英語問題がここまで極端な形になっている理由は大きくわけて2つ考えられます。

1つ目の理由は、英語受験枠の定員が非常に狭き門であるため、人気校では必然的に競争率が上がるからです。全国の小学6年生のうち中学受験をする子どもはだいたい23％。さらに、中学入試を行っている学校のうち英語入試を導入している学校はざっくり45％くらいです。これを掛け算すれば、英語入試を受ける人がどれだけ少ないか想像がつくかと思います。

いま中学入試で英語を導入している学校は3つのタイプに分けられます。

（1）オールイングリッシュ、もしくはそれに類する授業形態を前提とした学校

広尾学園、三田国際、サレジアン国際など

（2）一芸入試の一環として英語試験を導入している学校（帰国子女枠含む）

聖学院、江戸川女子、順天、宝仙学園・理数インターなど

（3）潜在能力を測定する手段として英語試験を導入している学校

洗足学園、東京都市大付属、慶應義塾湘南藤沢など

このうち、（1）に関しては試験のレベルが高くなる理屈はわかりやすいと思います。

（1）はそもそも英語力を測るというレベルを超え、早熟なグローバルエリートを

選別する目的で試験が行われているため当然難しい。

（2）については「自分の最大の武器は英語です！」という小学6年生を競わせ、その上位者だけ選別することが目的ですから、わざわざ試験のレベルを下げる必要がありません。たとえばプログラミングの天才児を試験で選別するとしたら、初心者向けの課題は出さず、大人と同等の課題を出すはずです。

（3）に関しては学校の期待する潜在能力次第ですが、例示した学校のように4科目の偏差値が高い学校は、「これくらいの英語力がある子なら、入学後、他の科目も頑張ってくれるだろう」という期待があるわけですから、どうしても英語問題のレベルも上がってしまうわけです。

極端に難しい問題を出すことに違和感や怒りを抱く方もいらっしゃるでしょう。しかし、仕方がない部分もあるのかなと感じます。入試でどんな問題を出すかは各学校の自由ですし、学校の生き残りのためにも必要という理由もあるからです。

少子化に歯止めがかからないなか、どの学校も営業戦略を練っています。そのひとつの方法が、入試の種類や授業のコースを細かく区切る方法。各セグメントの定員を減らすことで高い倍率と高い偏差値を確保し、学校全体のランキングを上げている学校もあります。もちろんそれが親御さんの求める学習環境にマッチすることもあれば、利害対立することもあるということです。

2つ目の理由は中堅校が英語試験に慎重である理由になりますが、**よほど跳びぬけた英語力の持ち主でない限り、英語力で生徒の潜在能力を評価することが難しい**からではないかと思っています。

中学生が少し本気を出して1年間英語を勉強すれば英検3級は普通に受かります。JPREPにも学校の授業以外、英語をまったくやってこなかった中学生が入ってきますが、本人のやる気があり、毎週、課題をちゃんとこなしてくる子どもなら、中1の終わりに8割くらいの確率で準2級まで到達させられる自信があります。

もちろん、発音や耳の良さは小さなときから英語に親しんでいる子には劣りますが、読み書き主体の問題は解けるようになります。

つまり、**小学6年生の時点で英検5級であろうが準2級であろうが、実はその差は決定的なものではないということです**。だとすれば、最初から英語は不問にすればいいという考えがあってもおかしくはありません。中学の入試担当者に直接ヒアリングしたわけではないので真意はわかりませんが、あながち悪い仮説ではないと思います。

ちなみに受験業界関係者の間では、5年くらい前から開成中学の上層部が英語入試の導入を決定したという噂話で持ち切りでした。ここ数年はいつ公表されるのかと状況を見守っていましたが、相変わらずアナウンスはありません。

しかし、広尾学園や三田国際が超高難易度の独自の英語問題を出してきたことで、英語入試はニッチな市場（国際コース、英語取り出し授業など）の選抜手段という位置づけが強固になり、英語が4教科に割り込んでくるのはむしろ遅れるのではないかと感じています。

仮に御三家でも導入するとしたら、子どもの教養を問うインターナショナル系の出題ではなく、高難度の単語や複雑な文章を読み解く、純粋な読み書き中心の出題になるのではないかと予想していますが、これは外国語学習の年齢特性を踏まえて考えると、良い判断とは言えない可能性が高いです。

- **競争率が高ければ問題は難しくなる。**
- **小6時点の英語力の差は決定的ではない。**

Question 06

最難関校に受かるには家でどんな対策をすればいいのでしょう？

Answer

英語でニュースを観て家族で話し合うことをおすすめしています

難関中学では普通の小学生では考えたこともないようなトピックが出題されるので、日ごろから英語とは関係なく思考力や教養や社会に対するアンテナを養うことが欠かせません。

ＪＰＲＥＰの親御さんからも「どんな対策をすればいいんですか？」とよく相談を受けます。もちろんなにか一過性の対策でどうにかなるものではないので、英語の継続的な勉強に加えて、時事問題について日常的に家で話すとか、（子どもに意見を聞くことで）子どもが自分の意見を持つようにすることから始めてくださいというアドバイスはよくしています。

私たちのネイティブ講師のなかには**「英語でニュースを観て、家族の人たちと話し合い、どんな話し合いをしたかを次回の授業の前後で説明する」という課題を、通常の授業とは別の形で出していたりします。**毎週その課題をクリアしてくる生徒もいますが、家庭の負担も大きいので続かない生徒もいます。

でもやはり日常的に英語に触れて、日常的に英語で自分の考えをまとめる体験を積んでいかないと、親御さんが入れたいと思うレベルの中学入試では戦えない印象があります。

時事問題について話し合うことはできても、親御さんが英語で対応できないケースもあると思います。そういうときは日本語でも構いません。たとえば子どもが英語のニュースを観て、親御さんが日本語のニュースを観たとしたら、話題は共通ですからお互い感じたことを話し合うことはできるはずです。もしくは、子どもが観たニュースを親御さんが観ていないなら、どんなニュースなのか親御さんに教えてみることも思考をまとめるいい練習になります（日本語、英語どちらでも）。

「仕事も家事もあるのにそんな大変なことできないよ！」と感じる方も多いはずです。

それもそのはずで、**考えてみると私たち日本人は、同じような作業を日本語の言語空間で小中高の間にやっているかというと、ほとんどやっていません。**でも英語圏の家庭ではこうした意見交換を日常的にやっているわけです。

そういう意味で、つくづく日本人にとっての英語学習とは、単に英語を学ぶことではないことを実感させられます。本来、そういうトレーニングは子育てや学校教育に組み込まれていてもいいはずなのに組み込まれていない。日本の学校で開催されるスピーチコンテストが英語であることが象徴するように、**自分の意見をまとめ**

て表明する訓練を、英語という科目を通さないとできないのがいまの日本の教育の課題であると強く感じるところです。

POINT

●自分の考えを持つことが第一歩。

Question 07

受験英語の勉強をはじめたとたん、子どもが英語嫌いになりました……

Answer

「趣味の英語」と「責務の英語」の折り合いを本人なりにつけないといけません

これは本当によくある話で、難しいテーマでもあります。

物心がついたときから英会話教室に通い、小学校に入っても楽しく英語を学んできたのに、受験科目として英語を取り組むようになったとたんに勉強に身が入らなくなったり、英語が嫌いになったりする子どもは少なくありません。そこから軌道修正を図ることができず、英語受験をあきらめるケースもあれば、最悪、英語を学ぶこと自体をやめてしまう子どももいます。

なぜこうしたことが起きるのか。

おそらくですが、英語以外の受験科目（算数、国語、理科、社会）は「これは受験用の勉強なんだ。面倒だけどやるしかない」という意識を持ちやすい一方で、それまで英語を生活の一部として、趣味として、もしくは楽しい習い事として取り組んできた子どもが、「今日から勉強だ」という意識に切り替えるのが難しいからだと思います。

「じゃあ受験英語も楽しくやればいいじゃないか」という意見もあるでしょう。その通りですし、それが理想です。でも、**受験制度というものが基本的に競争を促すもので、ある程度、戦略的かつ集中的に攻略しないと結果に結びつかない厳しさを伴うものである以上、単語の詰め込みや、大量の長文の読み込みといったその子にとっては「あまり楽しくない勉強」も一部は出てきてしまいます。**

この「楽しくないけどやらないといけない」ものと直面したときに、モヤモヤした気持ちのまま勉強するのではなく、どこかでスパッと割り切って「どうせやるなら楽しくやろう！」と自分でバランスを取ろうとする子が、「趣味としての英語」と「責務としての英語」の共存がしやすいのだと思います。

自分の内から湧き出る知的好奇心と、制度として存在する試験というものの間でどう折り合いをつけるのかという問題は、私も子どものころからずっと葛藤してきたことです。

私にとって物事を考えたり、調べたり、覚えたりすることは小さなころから楽しいことで、やりたいことでした。英語の勉強も誰に言われてやったわけではなく、100％趣味としてやっていたことです。でも高度な教育機会を得るためには中学、高校、大学、修士、博士と進む必要があり、そのためにはどうしても試験合格を目的化した歪な勉強をしないといけない場面も出てきます。

ただ、幸いなことに私は親から勉強しろと言われたことが一度もありません。受験も自分の意志で選んだことです。だから受験勉強をするときも「こんな勉強は僕がしたいことじゃないけど、入学したら僕のやりたいことがたくさんできるからやるしかない。さて、どうやって攻略しようか」と、ゲーム感覚で取り組むことができました。

試験が楽しいものであると無理やり錯覚させて、自分を励ますことでなんとか乗り越えた、という感じです。

でも世の中的には「受験勉強をしなさい」とプレッシャーをかける親御さんが圧倒的に多い。すると「責務としての英語」の比重ばかりが重くなっていき、子どものなかで気持ちの整理がなかなかできないのです。

ですからこの悩みに対する私なりの答えは、「そもそも中学受験は本人の強い意志ですか?」ということ。**大人に言われるがまま受験勉強をさせられていれば、モヤモヤが解消されないのは当たり前です。**

もし本人の強い意志があるなら親御さんはできるだけ不要なプレッシャーをかけないことがポイントになるでしょう。「大変だけどしょうがないね」「楽しくやれる方法ないかね」と、できるだけお子さんに寄り添ってあげて、お子さんが頑張っていれば褒める。それで十分かと思います。

それでもなお子どもが割り切って受験英語に取り組むことに苦しんでいるのであれば、思い切って英語科目で受験しない選択もアリだと思います。そこで英語嫌いにしてしまうくらいなら、中学以降でまた楽しく取り組めばいいでしょう。

- **本人のなかで割り切れるかどうかが重要。**
- **受験自体が本人の意志ではないと、なかなか割り切りができない。**

Question 08

隠れ帰国子女です。中学受験の志望校選びで悩んでいます

Answer

無理に受験をせず高校受験に照準を合わせるのも手です

英語を武器にして中学入試を突破したいと思っても、人気校に入るためには生半可なレベルでは難しいという話はすでに説明しました。

こうした現状のなかで進路に迷いがちなのが、英検2級くらいの英語力はあるものの、帰国から3年以上経過して帰国子女枠が使えないいわゆる隠れ帰国子女の子どもたちです。

海外生活も影響して算数や国語の成績が中位くらいだと難関校の一般入試は難しく、そうかといって偏差値の低い学校にわざわざ行きたくもないという悩みを抱えがちです。

このようなケースの場合、**無理をしてまで中学受験をせず、高校入試で勝負をかけてもいいのではないか、というのが私たちなりの見解**です。

もちろん地元の公立中学が崩壊しているのであれば事情は変わりますが、普通の中学校であればそのまま進学し、レベルの高い英語教室に通い、家庭でも英語を積極的に使っていけば、中3の段階で英検準1級は現実的な目標かと思います（英語の下地があるわけですし、中学入試の受験勉強の時間を英語学習に当てられるからです）。

そのレベルで高校入試を迎えることができれば、たとえば国際バカロレア（IB）のプログラムを導入している学校の選択肢が増えます。愛知には国際高校ができましたし、公立高校ではじめてＩＢ校になった都立国際高校などもあります。いま東京都は白金のほうにも国際教育に力を入れた都立高校をつくろうとしている最中です。

「せっかく英検2級を持っているから活用したい」という気持ちもよくわかります。しかし、**周囲が受験をしているからといって中途半端な状態で中学入試のレッドオーシャンに飛び込む必要は、もしかしたらないのかもしれません。**

- 中学受験対策に割く時間を自由に使える長所がある。
- 中3で英検準1級に到達できれば国際系の高校の選択肢が増える。

●「国内の国際バカロレアの認定校（令和5年6月30日時点）」の一覧

北海道	札幌日本大学高等学校、市立札幌開成中等教育学校
宮城県	秀光中学校、仙台育英学園高等学校、東北インターナショナルスクール、宮城県仙台二華高等学校
茨城県	開智望中等教育学校、つくばインターナショナルスクール、茗溪学園高等学校
群馬県	ぐんま国際アカデミー中高等部
埼玉県	浦和学院高等学校、さいたま市立大宮国際中等教育学校、昌平中学校、昌平高等学校、筑波大学附属坂戸高等学校
東京都	アオバジャパン・インターナショナルスクール、インディア・インターナショナルスクール・イン・ジャパン、開智日本橋学園中学校、開智日本橋学園高等学校、グローバルインディアンインターナショナルスクール東京、ケイ・インターナショナルスクール東京、シナガワインターナショナルスクール、清泉インターナショナルスクール、セント・メリーズ・インターナショナルスクール、玉川学園中学部・高等部、東京インターナショナルスクール、東京学芸大学附属国際中等教育学校、東京都立国際高等学校、武蔵野大学附属千代田高等学院
神奈川県	神奈川県立横浜国際高等学校、サンモール・インターナショナルスクール、法政大学国際高等学校、ホライゾン・ジャパン・インターナショナルスクール、三浦学苑高等学校、横浜インターナショナルスクール
山梨県	山梨学院高等学校、山梨県立甲府西高等学校
長野県	インターナショナルスクール・オブ・アジア軽井沢（UWC ISAK Japan）、松本国際高等学校
岐阜県	帝京大学可児高等学校
静岡県	加藤学園暁秀中学校、加藤学園暁秀高等学校、静岡サレジオ中学校、静岡サレジオ高等学校
愛知県	江西インターナショナルスクール、国際高等学校、名古屋インターナショナルスクール、名古屋国際高等学校
滋賀県	滋賀県立虎姫高等学校
京都府	京都インターナショナルスクール、同志社インターナショナルスクール国際部、立命館宇治高等学校
大阪府	大阪教育大学附属池田中学校、大阪国際高等学校、大阪女学院高等学校、大阪府立水都国際高等学校、大阪YMCAインターナショナルスクール、関西学院大阪インターナショナルスクール、近畿大学附属高等学校、コリア国際学園
奈良県	育英西中学校
兵庫県	AIE国際高等学校、カネディアン・アカデミィ、関西国際学園、マリスト国際学校
岡山県	朝日塾中等教育学校、岡山理科大学附属高等学校
広島県	AICJ高等学校、英数学館高等学校、広島インターナショナルスクール、広島県立広島叡智学園
鳥取県	鳥取県立倉吉東高等学校
高知県	香美市立香北中学校、高知県立高知国際中学校、高知県立高知国際高等学校
福岡県	福岡インターナショナルスクール、福岡第一高等学校、リンデンホールスクール中高学部
鹿児島県	鹿児島修学館中学校
沖縄県	オキナワインターナショナルスクール（沖縄国際学院高等専修学校）、沖縄尚学高等学校

Question 09

中学受験があるので英会話教室をやめさせてもいいですか？

Answer

子どもが英語好きならやめさせないでください

幼稚園・保育園のときから楽しく英語を学んできたのに、小学4年生になるタイミングで「4教科の勉強に専念したいのでやめることを考えています」という相談を受けることがよくあります。そんなとき、私たちが真っ先に親御さんに確認することがあります。

それは「お子さんは英語が好きですか？」ということ。もし本人が英語好きなら辞める必要はないかもしれない、という話をします。

子どもが心の底から好きなことを、親御さんの命令、あるいは無言のプレッシャーで取り上げることは基本的に避けるべきだと思いますし、**子どもは得意科目をひとつでも持っていると、それが自信となって他の科目の勉強のモチベーションにつながることが多いことは、教育関係者であれば誰でも知っていること**です。

受験勉強に割ける時間が制限される事実はあるでしょう。しかし、これは他の習い事や課外活動すべてに言えることで、**自分の好きなことに一生懸命取り組める子どもは他のことも時間の使い方が上手だったりします。**

みなさんの中学や高校時代に、部活や生徒会活動で忙しいはずなのに期末テストはしっかり点を取る同級生がいたはずです。時間が限られているからこそいまやるべきことを自分で考え、集中して取り組むことでマルチタスクをこなすことができる。社会に出たあとも通用するスキルとして目指したいのは、こちらではないかと思います。

アメリカの名門大学にいけば勉強以外になにかしら突出した才能を持っている生徒ばかりです。**マルチタスクをこなすスキルはグローバルエリートの最低条件と言っても過言ではありません。ですから英語だけではなく、ピアノやバレエ、野球、サッカーといった子どもがいま一番熱中していることは、できるだけ続けさせてほしいと思います。**

もし「やりたいこと」と「やるべきこと」の両立がどうしても物理的にきついというのであれば、教室はやめて、たとえば週に1回、30分だけオンライン英会話を受けるといった形で英語を続けさせてもいいわけです。オール・オア・ナッシングで考える必要はありません。

逆に英語に対してそもそもやる気が感じられない子どもはいったん教室はやめて、受験が終わったら再開してはどうでしょうかという返答をします。その場合でも、せっかく身に付けたリスニング力やフォニックスのスキルをゼロにするのはもったいないので、たまに英語の映画やアニメを観るなどしてちょっとでも英語に触れておくと再開するときに有利になるというアドバイスはしています。

続けるにしろやめるにしろ、子どもの意志に反したらまずうまくいきません。また、睡眠時間を削りすぎて発育に悪影響などということも避けるべきです。いずれにせよ、可処分時間のなかで優先順位をつけて判断すべきだと言えます。

ちなみに私たちのするようなアドバイスは教育産業のなかではレアケースかもしれません。とくに受験に特化した進学塾では「受験勉強に全振りすべきです！」とアドバイスするのが基本。それもまた、中学受験の現実として捉えておく必要があります。

POINT

- 子どもが英語好きかどうかが重要。
- 得意科目があると他の科目の勉強に身が入りやすい。
- 時間の制約があるからこそマルチタスクの力が身に付く。

Question 10

中学受験にあたって親はどんなことを意識すべきでしょうか？

Answer

学校も受験も手段であるということを繰り返し伝えてください

中学受験は過熱する一方で、私立・国立中学の受験をする子どもの割合は2015年から9年連続で増加しており、2023年は過去最高の数値となっています。受験制度は必要悪なので、今後もなくなるとは思いませんし、なくなる必要もないと思います。

しかし、決して忘れてはいけないことは学校とは「成長のステージ」であり、受験とは「次の成長ステージに上がるための手段」であるということ。その「成長のステージ」でどんな学びをして、どんな成長をして、将来社会にどんな貢献をし、新たな価値を生み出すことができるかが重要で、「学校に入れた。はい、終わり」では決してありません。

日本の教育システム全体がいかに18歳に学力のピークを持っていくかということを競っている状況のなかで、いまの話を子どもにすんなり納得してもらえるかどうかはわかりませんが、**志望校に受かることが学びのゴールでは決してないこと、偏差値はその人の価値を表すものではないこと、仮に落ちたとしても他の手段はいくらでもあること、そもそも学びとは生涯続けるものであることを、繰り返し伝えていくことが大切ではないか**と思います。

私たちの塾で以前、私立中学に通う生徒が公立中学に通うクラスメイトを「どうせお前、公立なんだろう」と嘲笑する場面がありました。私たちはすぐに親御さんを呼び出し厳しく指導したことがあります。**「学校がその人の価値を決める」という壮絶な勘違いは、十中八九、身近な大人の影響**だからです。

私たちの塾でも受験指導チームがおり、次の成長ステージに上がろうとする子どもたちを全力でサポートしています。しかし、私たちは単なる受験マシーン、受験エリートを育てることに興味がありません。

学びに対する身の処し方、受かった後の身の処し方、受からなかった後の身の処し方も含めてサポートするよう心掛けています。とくに私たちが一番恐れているのは「受験しなければよかった」という子どもの言葉。この言葉を絶対に言わせないという想いで講師たちも子どもたちと接しています。

受かることだけがゴールなら合格のための技術を伝授し、一方的にたきつければある程度のレベルまではいけるでしょう。実際、受験は厳しいですからある程度のたきつけが効果的な場面もあります。

しかし、その結果、他人に命令されないと勉強できない大人を量産してきたことが、いまの日本が抱える課題です。パーソル総合研究所が2022年に行った調査によると、**日本の大人で（仕事を除き）学習や自己啓発といった自己投資を行っておらず、する気もないと答えた人の割合はなんと52・6％。調査対象14か国のなかで断トツのワーストです。**

日本では大学を出たら勉強する必要はないと思っている人が半数以上いるということですが、親御さんとしてはこの半数に当てはまらない子どもをいかに育てるかを意識すべきではないでしょうか。また親御さん自身が、学ぶ姿勢を忘れていないか、学ぶ楽しさを失っていないか、見つめ直すべきだと思います。

- **受験とは次の成長ステージに上がるための手段。**
- **命令されないと勉強できない大人にすべきではない。**

Question 11

国内大学入試が目標なら英語は中学以降で間に合いますか？

Answer

十分間に合います。ただし、早めに着手しておいたほうが有利です

私たちの塾でも中学から塾に入ってメキメキと上達し、英語を得意科目にして難関大学（や難関高校）に合格する生徒がたくさんいます。そういう意味では**中学生以降から英語を本格的に勉強しても十分、間に合います**。

ただ、日本の大学入試を考える上でポイントになるのは、最終的に問われるのは総合的な学力である、ということです。英語だけで決まるわけでも数学だけで決まるわけでもない。全科目を満遍なく、穴をつくらずに仕上げることが一番手堅い合

格の方法です。

それが顕著なのが東京大学などの難関国立大学です。共通テストで5教科7科目が問われた上に、さらに2次試験で社会2科目もしくは理科2科目がある。このように難しい大学であればあるほど科目数が多く、かつ全科目の高い完成度が求められます。

その点、**ひとつの科目を早い段階から学習していると、中高で他科目を仕上げるための余力(時間)を残すことができます。**受験に関しては、これが低学年から英語学習をスタートさせる一番のメリットだと思います。

しかし、すべての科目が早期教育に適しているわけではありません。数学は一部の天才児を除けば、抽象的な世界を扱うためにある程度年齢が上がらないと理解できないボトルネックがありますし、仮に数学が得意になったとしても、実際の試験問題との相性に左右されやすい科目なので本番で実力が発揮できないということもよく起きます。

その点、英語は

●早期に学習をスタートさせやすい
●学んだことを積み上げていきやすい
●積み上げたものを本番で発揮しやすい（ぶれない）

という条件が揃った科目です。

ある程度の水準までいけば安定した成果が出せる科目であり、模擬テストで高得点なら、本番でもぶれずに高得点が見込める、そんな世界です。

そもそも英語は学習に時間のかかる科目でもあります。短期集中で学ぶことも不可能ではないですが、さすがに高校2、3年生の大事な期間を英語ばかり勉強するわけにもいかないでしょう。学習に時間がかかり、なおかつ積み上げたものが本番で活かしやすいのであれば、小学生のときからできる範囲で英語学習を進めておくことは、大学入試対策として非常に合理的なアプローチではないかと思います。

高校1年生くらいで大学入試レベル（英検準1級くらい）の英語力を積み上げていれば、他の科目の勉強にたっぷり時間が取れるので、かなり有利になるはずです。

POINT

- 英語が得意になると他科目の勉強時間が増える。
- 英語の習得は時間がかかるが、前倒しもしやすい。
- 英語は本番で実力が発揮しやすい。

Question 12

子どもが東大を目指しています。助言をお願いします！

Answer

小学生のうちから考える力を鍛えてください

中学入試英語の過去問を見ておわかりのように、難関校では子どもの考える力や普段の自主的な勉強の成果を問う形になっています。ある意味、対策がしづらいという意味でもあります。

それは大学受験も似た傾向があり、試験合格のための勉強に専念するというより、本質的な勉強を継続的に続け、その結果として大学に受かるのが理想的な形だと思います。

　私たちは数学も教えていますが、「勉強なんて要領よくやっていればいい」というタイプの生徒が高校2年生くらいで国内難関大学の受験対策をはじめても、「きちんと勉強する」あるいは「しっかり考える」といった習慣がないので、2年間くらいの勉強では間に合いません。英語に関しても、うわべだけで英語を取り繕ってきた生徒たちは、中学くらいまではそれでなんとかなっても、高校生になると伸び悩みがちです。

　この本ではしばしば「英語力」という言葉を使っていますが、**英語力をいざ因数分解してみると、文法の知識や語彙の量といった言語学的な意味での英語力は一部にすぎません。読解力や思考力、論理構成力といった、考える力が大きな比重を占めます。**

　ですから英語を学習するときも表層的な勉強ばかりするのではなく、**英語を使って本を読むとか、英語を使って議論をするとか、英語を使って自己表現をするといったことをコツコツ経験していくことが重要**です。「英語で考える」「英語を身体化していく」というイメージです。

これは目指しているのが東大であろうが、早慶であろうが、アメリカの大学であろうが同じです。

受験に向けて付け焼き刃的に英語を身にまとっても、中身がスカスカではいまの大学受験の英語問題は相当苦労するはずです。ひと昔前の大学入試英語は文法中心あるいは和訳中心でしたが、いまは英語の運用能力を求める入試へとだいぶ変わりました。

共通テストに関して言うと、前身のセンター試験がはじまったころと令和元年の共通テストの英語を比べると、総語数がなんと3倍弱も増えています。

なぜこれだけ増えたのか？

私たちなりの推測では、技術的な理由から会話力を問うテストができないため、「スムーズに英語を話せるかどうか」を「スムーズに英文が読めるかどうか」で測っているのだと思います。

語彙数が増えたということは当然わからない単語が含まれるということ。以前は難しい単語に注釈がついていましたが、いまはついていません。つまり、「わからないなら察しなさい」という問題の出し方です。実際の会話でも知らない語彙が出てくるのは当たり前で、そういう意味で、**語彙数が増えたことで実践的な運用能力を問う問題となっている**わけです。

国公立大学の二次試験や、難関私立大学の入試問題を見ると、選択肢の問題のかわりに自由英作文の問題も増えています。これもまさに**ライティングを通して「スムーズに英語を話せるか」を測っている**のでしょう。

大学入試の英語が変化しだしたのは20年くらい前からですが、とくにここ数年の間に加速度的に変わった印象です。ただ、それに伴って高校の授業や予備校の授業が変わったかというとまだその段階に至ってはいないと感じます。むしろ受験を変えることで学校や予備校、塾の学習を変えようとする、ある意味、壮大な実験をしている。２０２４年現在はそんな状況にあります。

国立であれ私立であれ共通テストであれ、いずれも運用能力を求めるものになっているため、やはり小学生のときから「手段としての英語」を実際に使う経験を積み、読む、聴く、理解し発信する場数を踏んでおくことをおすすめします。

- **大学入試は英語の運用能力を問う方向へシフト。**
- **小手先の技術では通用しなくなった。**
- **早いうちから英語の身体化を目指したい。**

第4章

グローバルエリート教育について教えてください

Question 01

海外のエリート教育機関の現状はどうなっていますか？

Answer

人種格差から経済格差の是正へと大きく舵を切っているところです

エリート教育と聞くと「世界中から成績優秀者を集めて」といったイメージがあるかもしれませんが、実際にはそこまで単純ではありません。

日本でも話題になったように、人種格差の是正を目的としたアファーマティブ・アクションに関してアメリカの連邦最高裁が違憲判決を出しました。それに対してアメリカのアイビーリーグは、**人種による入学の割り振りから、経済格差を是正するための割り振りへと大きく舵を切っているところ**です。

世界的に有名なエリート教育機関の教職員は、基本的にはリベラルな発言をする傾向が強く、自分たちの教育ミッションとして多様性を掲げています。アファーマティブ・アクションはまさしく多様性を担保するための施策だったわけですが、それがダメと言われたので今度は経済的に恵まれない家庭を積極的に優遇しようとしているわけです。

なかでも先鋭的な取り組みをしているのがプリンストン大学です。同校は2018年から明示的に、その家庭で初めて大学に進学する志願者を優遇するポリシーを取っています。学費免除も大胆で、2023年秋からは世帯年収10万ドル（約1450万円）未満の生徒は学費や寮費、食費が全額免除されます。

（2022年9月9日付 nikkei.com「米プリンストン大、学費免除拡充　世帯収入10万ドル未満」）

イェール大学も世帯年収6万5千ドル未満の家庭はフルファンディングを行っており、たとえばアフリカの最貧国から学生を受け入れるときは渡米時の飛行機代だけではなく、夏休みに帰国するときの飛行機代まで大学が負担しています。

アイビーリーグがこのような太っ腹な政策がとれるのは、高額な授業料と、卒業生による莫大な寄付金と、その寄付金の資産運用がうまくいっているおかげです。日本の大学の資産が数百億円規模なのに対して、アメリカの名門大学は数兆円規模と桁が2つ違います。

経済格差の是正はイギリスのボーディングスクールの入試政策にも見られます。イギリスは階級社会で貴族の子弟が名門校といわれるボーディングスクールに入るわけですが、授業料は高額です。しかし、高額であるがゆえに一般家庭で育った学力優秀な子どもが入学できません。そこで奨学金をどんどん出すことで優秀な子どもたちを集めようとしています。

ちなみにイギリスのボーディングスクールの場合、奨学金の原資を確保するひとつの手段として、日本を含む海外に展開するグループ校の学費を本校よりも高めに設定しているようです。進学を検討されているならそのあたりの事情も知っておく必要があるでしょう。

このように、**学校がどんな学生を取りたいかはその学校の営業政策や財政状況、採用ポリシー、時代の要請などに大きく左右されます。**そもそもエリート教育機関が養成したいグローバルリーダーのあり方は時代とともに変わるので、選別基準が変わるのはむしろ自然なことです。

ここで強調しておきたいのは**「試験での偏差値が圧倒的に高いからエリートになれる」という考え方が通用しない世界である、**ということです。

基本的に名門大学の合格率は4、5％くらいしかないので、成績優秀なのは当たり前。それ以外のプラス要素のどこを評価するかは大学次第。もちろん、10年後にはその基準が大きく変わっている可能性もあります。

子どもにいわゆるエリート教育を受けさせたいと真剣に考えている方は、志望する学校がどんな学生を求めているのかリアルな現状を把握することに努めないといけません。

たとえば人種の割り振りがなくなったといっても、日本人の子どもが受験するときに大学側は「日本語を母語とするこの若者が、自分たちの大学コミュニティーにどうフィットするのだろか。ほかのアジア圏の志望者と比べて、この若者の優位性はなんだろうか?」ということまで必ず見ます。

その結果、「こんな入試政策はフェアではない!」と感じる人もいるはずですが、エリート教育機関はそういうものであると理解しておく必要があります。仮に「学力だけで評価してほしい」と思うなら、迷わず日本の大学入試をおすすめします。

- トップ校は経済的に恵まれない家庭の子どもを優遇する方向へ。
- 米大入試は、GPA（学校の成績）、SAT（学力試験）、TOEFL（英語力試験）、志望動機書、推薦状、課外活動等の総合評価。

Question 02

「受験で疲弊させたくないから海外へ」という考え方はアリ？

Answer

アリです。ただし日本は中距離走、海外はトライアスロンだと思ってください

学力偏重の大学入試制度を改革しようという話は何十年も前からあったものの、いまだに劇的な変化は見られません。一部、総合選別や推薦入試のようなことも導入していますが、基本は学力入試です。

受験勉強で疲弊していく子どもを見たくない、あるいは子どもが熱中したいことに専念させてあげたいといった気持ちから、学力以外の評価軸を持つ海外の大学を検討されている親御さんは少なくないはずです。

ただし、どちらが良くて、どちらが悪いということは簡単には言えません。

イメージとしては日本の大学入試は10キロくらいの中距離走。高校2年生くらいからを同じ作業をずっと続けないといけません。一方の海外大学、とくにアメリカの名門大学の入試は、距離が長くてやることも多いトライアスロンだと思ってください。**日本の大学には一芸入試がありますが、アメリカの有力大学は三芸入試のようになっているのが現状です。**

芸は一朝一夕で身に付きませんから、世界史を丸暗記するような表層的な対策ではどうにもなりません。それこそ**小学生のときから課外活動に励み、それなりの実績を残すくらい真剣に取り組む必要があります。**

それらに加え、**志願者が大学にどんな価値貢献ができるのか、そして将来的に社会にどんな貢献をしたいのかといったパッションやコンピテンシーも重視されます。**

言うなれば、高校3年生の時点での人格的完成度を問うのが海外の大学です。それはもはや日本の就職活動に近く、実際アメリカの大学ではリクルーターたちを全米の有力校に送り込んで優秀な生徒をスカウトしてきます。必然的に海外大学を目指すなら、一般的な日本の高校生より早熟で意識が高くなければ難しいでしょう。

ただ、アメリカ式の入試制度には弊害もあります。プリンストン大学で教えた経験のある東大の佐藤仁教授が『教えてみた「米国トップ校」』（角川新書）で書かれていましたが、アメリカの子どもたちは大学入試で課外活動が評価されることを知っているので、「他人からどう見られるか」ばかりを考える子どもが多い、ということを言われていました。

そういう子どもは大学に入っても政治的に正しいことや建前論しか考えられない思考的に不自由な学生が多く、日本の教育以上によくないのではないかといった主張をされていました。私も共感できるところが多くあります。

そういう意味では日本の学力偏重が一概に悪いとも言い切れません。

日本の大学は一発勝負でいい点数さえ取れば誰でも入学できるわけですから、ある意味で多様性が保たれているという言い方もできます。勉強しか興味がない子どもにとって有利なのはもちろん、コミュニケーションが苦手な子ども、何かの事情で学校に通えなかった子ども、家庭の事情で課外活動ができなかった子どもでも一発逆転が狙える制度と言えます。

- **アメリカの名門大学は一芸くらいだと難しい。**
- **学力の一発勝負で逆転できる日本の入試で救われる子どももいる。**

Question 03

日本の高校からアメリカの大学を目指すときの注意点はありますか？

Answer

先生による英文の推薦状がネックになりやすいです

前節で書いたようにアメリカの大学入試は「高校時代になにをやってきたか」が総合的に評価されるため、学力面の評価基準となる高校時代のＧＰＡ（Grade Point Average、平均成績）を高い水準にしておくことは必須条件です。また、勉強以外になにかに取り組み（楽器、スポーツ、弁論大会、論文大会、ボランティア、生徒会など）、それなりの成果を残せた活動をいくつかアピールできないと名門大学に入ることはかなり厳しいでしょう。

このあたりは多くの方がご存じかもしれませんが、**意外と知られていない障壁は、**

学校および教員による推薦状。3人分必要になります。

推薦状はもちろん英語で書かないといけません。海外大学への進路指導の仕組みがない、あるいは過去に海外大学に卒業生を送り出した実績がない高校に進学する一番のネックは、実はここにあります。日本の高校の先生たちは推薦状の書き方を知らないですし、良い推薦状を書けるような授業をしていないのです。

英語力不足という問題だけではなく、そもそもアメリカの大学に提出する推薦状は書くべきことが日本の内申書とは異なります。もし内申書の内容をそのままAIで英訳して推薦状として送ってしまったら、伝えるべきことの半分くらいしかカバーできません。

推薦状を通して大学側が一番知りたいことは「その生徒が入学したあと、集団での学びにどのような貢献ができるか」という定性的な評価です。

たとえばアメリカの高校の先生なら次のような推薦状を書くかもしれません。

「アメリカの19世紀文学の授業でナサニエル・ホーソーンの〇〇を題材にクラスで議論をしているとき、該当の生徒は〇〇という観点から〇〇という意見を述べ、ディスカッションの流れを変えた。非常に洞察力の高い生徒である」。

このように、ディスカッションの場で取る態度や物事を考えるときの着眼点のようなことを文章化して大学にアピールするのがアメリカ流の推薦状です。当然アメリカの高校の先生たちは過去に大量の推薦状を書いてきており、自分の生徒が多数の応募者のなかで埋没しないように知恵を絞って書いています。日本の高校生もそのなかで勝負をしないといけないわけです。

でも日本の先生は推薦状を書き慣れていないどころか、英語も苦手で、しかも普段一斉授業しかしていない先生はそもそも推薦状を書く材料を持ち合わせていない可能性すらあります。日本的な「いい成績を取るための授業」と、アメリカ的な「生徒一人一人の価値を発揮する授業」は相いれないものだからです。

私も高校の先生たちに推薦状の書き方のコーチングをすることもありますが全体的な底上げにはまだまだ時間はかかりそうです。

それまでの具体的な対策としては、執筆者に対して、海外大学への推薦状執筆において注意すべき点を何らかの形で伝えるだけでなく、自分のアピールポイントについて情報提供しておくことでしょう。

- **高校教員は、推薦状の書き方を知らない可能性がある。**
- **執筆者には十分な情報提供が必要。**

Question 04

日本とアメリカの大学の教育の質の違いについて教えてください！

Answer

教員対学生の比率の差が大きいかもしれません

以前、イェール大学の総長が東大で講演したり、首相官邸を表敬訪問した際に通訳として帯同したことがあります。そのときに東大とイェールの教育の質の違いはなにかという話題で議論したのですが、総長の答えは非常にシンプルでした。

「大学教育の質の違いは教員と学生の比率ですべて要約できる」というのです。

実際、イェール大学は学生に対して教員が多く、非常にきめ細かい指導が受けられます。教室を離れてもその距離は近く、たとえばイェール大学には教員食堂がありません。代わりに教員は学生食堂のタダ券が渡されます。大学側としても教員が学生と一緒に食事をとって、日常的に相談にのったりすることを奨励しているのです。

ただ、**日本の大学のすべてで教員対学生の比率が悪いのかといったら、そうではありません。たとえば日本の国立の理科系学部は世界的にも非常に良心的な、手厚いサポートが受けられる環境にあります**（いままさに予算削減のターゲットになっているので、将来どうなるかはわかりませんが……）。

一方で日本の私立大学の、とくに人文社会科学系の学部は、教育の質という観点で多少問題を抱える学部が多いのも事実です。人文社会科学系の教員対学生比がアメリカの大学で1対10だとすると、日本の私立では1対50といったことが平気で起きています。大学経営を成り立たせるための方法なので仕方がないといえば仕方がない話ではあります。

ただそれも学部次第で、たとえば東大でも法学部は司法試験や公務員試験のように試験を中心にキャリア形成をする学生が多いので、授業の質については誰も大きな関心を持っていないと思われます。でも経済学部になると、海外の有力な博士課程に学生を送り込むことまで考えて、英語の授業を取り入れるなどいろいろ熱心に指導をする傾向があります。

また、日本の大学のやり方が100%悪いとも言えません。ある意味、日本の大学は学生を自立した存在として捉え、「自分の面倒は自分で見なさい。勉強したいなら自分で勉強しなさい」という突き放した態度を取るわけです。すると学生たちは自助努力でなんとかするしかない。そういう厳しい環境を這い上がってきた学生たちは、非常に優秀な人材が多いと感じます。

大学進学を考えるときも、漠然と日本かアメリカかといった考え方はせず、しっかりとその大学や学部の特徴を踏まえて選ばれるといいと思います。最終的には、本人がどんな教育を受けたいかによると言えます。

- アメリカの大学は基本的に教員一人に対して学生が少ない。
- 学部の差も大きいので、事前に調べることが大事。

Question 05

グローバル人材になるには異国文化を学ぶことも大切ですか？

Answer

まずは日本文化を教えてあげてください

海外生活を経験された方や外国人の友人がいる方ならおわかりいただけるはずですが、**日本人が海外に行くと日本についてあれこれ質問されます**。知的好奇心の高い人が集まる大学ではさらに顕著で、講義で日本の歴史や文化、社会に関する話題が出てきたら、「そういえば君、日本出身だったよね。ちょっと説明してくれる？」と当たり前のように質問されます。そのときに答えに窮する日本人の学生がいかに多いことか。

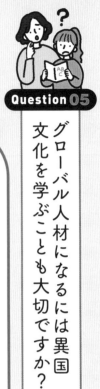

たとえばみなさんも次のような質問をされて、日本語でもいいのでスラスラ説明できるでしょうか？

- **神道と仏教の違いは？**
- **歌舞伎と能と狂言の違いは？**
- **なぜ日本は首相がコロコロ変わるのか？**
- **日本は中国の存在をどう見ているのか？**
- **超高齢化社会に日本はどう対応しているのか？**
- **「旨味（umami）」とは何か？**
- **日本に良質なアニメや漫画が多い理由は？**
- **なぜ日本人は礼儀正しいのか？**

いかがでしょうか？

大学にしても高校にしても、わざわざ外国人の学生を取るということは、その国の文化や考え方などをクラスメイトにシェアしてほしいという思惑があります。**本人にその気が一切なくても日本を一歩踏み出した瞬間、日本人はだれもが「日本代表」になる。その自覚を持ってもらうことがまず大切です。**

もちろん小学生相手に前述のような質問をすることはないと思いますが、**子どもに異文化交流をしてほしいと願っているなら、興味のアンテナを外に向けるだけではなく、まずは自分たちが何者で、日本はどんな国なのかといったことを、英語で話せる準備をしておくことも忘れないでほしいと思います。**それこそ異文化について学ぶのは、海外で本人に直接聞けばいいのです。

私たちの塾でも中学生以降で使う教材には、和食の特徴について解説する動画など、「日本文化を英語で説明するもの」を混ぜるようにしています。英語を勉強しつつ、日本文化の勉強をする。しかも実際に使う可能性の高い英語ですから塾生の評判もよく、「留学先であのときの知識がそのまま使えました」といった報告をよく受けます。

ＹｏｕＴｕｂｅなどでも日本文化や日本の歴史を英語で紹介する動画がたくさんアップされていますので、活用してみてはいかがでしょうか。

- 海外に行くと日本のことを聞かれる。
- 自国の文化を英語で説明できるかが文化交流のポイント。

Question 06

海外留学させるならどのタイミングがベストでしょうか？

Answer

半年～1年の留学なら高校1年生くらい。短期留学なら中学2年生くらいをすすめています

海外留学を検討する際には現地で求められる英語の水準と本人の英語力がある程度マッチするかを考えないといけません。その乖離があまりに大きければ学習効果があまり望めないだけではなく、子どももつらい思いをするかもしれないからです。

留学の時期に関しては、半年～1年くらいの留学の場合、高校1年生のタイミングをよくすすめています。英語が得意な子どもで中高一貫校などに通っている子どもなら中学3年生でもいいでしょう。**英検2級から準1級の実力を想定しています。**

これくらいの英語力があれば日常会話はもちろん、現地の高校で授業を受けてもなんとかやっていくことができます。英語や歴史のような授業は読書量が多く大変ですが、日本で基礎学力を身に付けた子どもなら理科や数学の授業についていくことはさほど難しいことではありません。結果的にこれくらいの年代で留学する子どもは英語力を飛躍的に伸ばして帰ってくることが多いと感じます。

もちろん高校時代に1年間ブランクが空くということは、その後の大学入試や卒業単位などへの影響も考慮しないといけません。単位に関しては交換留学制度を設けている学校もあるので、それを活用すれば留年せずに卒業はできたとしても、日本の高校数学は平均的にはレベルが高いので、大学入試を考えると何かしらの対策は必要かもしれません。

数週間の短期留学の場合は中学2年生くらいがいいと感じます。英語力という意味では少し心もとないですが、海外での生活を体験することで好奇心の開花や、英語学習に対するモチベーションアップのきっかけになることが多い気がしています。

それ以下の子どもはおそらく単身留学というよりも、親子で海外に行く、あるいは同世代の子どもたちと一緒に合宿研修のようなプログラムに参加する形を取ることが一般的かと思います。合宿研修の場合もやはり子どもの英語力とプログラムの内容がある程度一致していることを確認しておく必要があるでしょう。

合宿研修も英語の勉強に特化したものだけではなく、農業体験や工作のワークショップなどさまざまな体験ができるものを留学エージェント会社などがたくさん用意しています。また、費用はかかりますが多くのボーディングスクールが体験入学のような形でサマープログラムを用意しています。

ちなみに**短期留学で語学力が劇的にうまくなることは期待しないでください。**最近はコスパ重視の親御さんが多く、そういった方々には「費用に見合った短期的な成果が得られるかどうかは正直わかりません。ただし、中長期的に元が取れる可能性はあります」と伝えています。実際、1週間くらいの合宿研修に参加したことで英語での意志表示が積極的になった子どもや、勉強に取り組む姿勢が目に見えて変わる子どももいます。

留学で語学力を上げたいなら、冒頭の説明通り、高校1年生くらいがベストでしょう。

- **語学力の爆上げを狙うなら高校生の長期留学がおすすめ。**
- **モチベーションの爆上げを狙うなら中2くらいで短期留学を。**

Question 07

海外大学を目指すならやはりインターナショナルスクールがベストでしょうか？

Answer

安定感はありますが、日本語を捨てる覚悟があるかどうかがポイントになると思います

アメリカやイギリスのカリキュラムに沿ってオールイングリッシュの環境で勉強ができ、海外大学進学のサポート体制やノウハウが潤沢にあるインターナショナルスクールに通うことができれば、海外大学への進学に有利に働くということは否定しません。たとえば私の娘が通っていたインターナショナルスクールでは卒業生の75%がアメリカもしくはヨーロッパの大学に進学しています。

とはいえインターナショナルスクールにも良し悪しがあり、英国式全寮制インターナショナルスクールのハロウ安比のように授業料がとくに高い学校は、子ども一人一人に合った丁寧な指導で定評があります。一方で、昔から日本にある一般的なインターナショナルスクールの教育の質は意外と普通で、最終的には子どもたちの自助努力次第といった学校が多くなります。進学先は海外トップ校に進む子もいれば国内の平均的な大学に進む生徒も少なくないなど、千差万別です。**「子どもをインターナショナルスクールに入れることができたら子どもはきっと世界で活躍できる！」といった幻想は捨てたほうがいいかもしれません。**

インターナショナルスクールを検討するときに親御さんに考えていただきたいポイントが2つあります。

1つ目は、**子どもの日本語力を捨てる覚悟ができているかです。多くの親御さんは「英語力をつけてほしい」という気持ちが先行して、「日本語力を失う」という現実をつい忘れがちです。**

すべての科目の勉強を英語で行い、クラスメイトや先生とも英語で会話するわけですから、たとえ第2外国語として日本語を学び続けたとしてもどうしても日本語力は落ちます。キャンパスの外に出れば日本なので日本語は維持できるだろうと考えがちですが、放課後に遊ぶ友人とも英語で話し、家に帰っても英語のＹｏｕＴｕｂｅを観るような生活になれば、海外生活を送っているのとあまり変わらないことになります。

2つ目のポイントは、**家庭と学校とのやり取りはすべて英語になる点です。親御さんが英語を苦手だとかなりつらい思いをすることになります。**欠席の連絡から、学校から配布されるレターから、保護者面談まですべて英語。私の知る芸能人夫婦は二人とも英語ができないので英語が得意なお手伝いさんを雇い、学校との連絡役や面談時の通訳をさせていました。

2つ目のポイントは一過性の課題だとしても、1つ目のポイントは家族でしっかり話し合う必要があると思います。その話し合いの結果、海外の大学を目指したいけれども母語としての日本語力もしっかり鍛えていきたいと思うのであれば、日本の学校でありながら海外の大学に生徒を送るための指導もしている学校を目指してみるのもいいのではないでしょうか。

POINT

- **インターナショナルスクールに通ったとしても最後は本人の努力次第。**
- **日本語力を犠牲にしてしまう可能性が高い。**

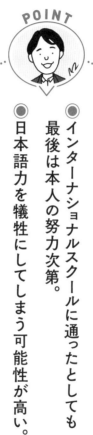

Question 08

アメリカの大学に進むなら学部入学と大学院入学のどちらがいいでしょうか？

Answer

何を目指しているかで変わります

従来、日本で教育を受けた人がアメリカの大学で学ぶのは、日本の学部時代に専門領域を決め、そこを極めるために海外の大学院に進むコースを取るか、ビジネス系では一度社会に出てからＭＢＡを取る目的でアメリカの大学院に行くコースがほとんどでした。

しかし、ここ数年、日本の高校から海外の学部に進学する事例が紹介されることが増えたため、学部から海外へ行くべきか、大学院まで待てばいいのかで迷われる方もいるはずです。

どちらがいいのかは子どもが何を目指しているのかで変わってきます。

たとえば**ビジネスに興味があり、将来的にグローバル企業の本社で働きたいとか、アメリカでスタートアップを立ち上げたい、あるいは働きたいと思っているのであれば、学部のときからアメリカで学んで英語に磨きをかけ、知識を増やし、人脈を構築していくなどすれば、有利になるかもしれません。**

しかし、**理系の学生などでまだ研究テーマが定まっていないのであれば、日本の大学で基礎を身に付け、テーマが決まったあとに憧れの教授がいる大学院を目指すという方法でも問題はないと思います。**とくに日本の国立大学の理工系の教育は、予算が少ないといった課題はあるものの、最先端の研究テーマを扱うことができ、きめ細かい指導も受けられます。経済学なども、東大や一橋大の経済学部で学ぶ経済学はイェール大学で学ぶそれとまったく遜色ありません。

ちなみに、**子どもが医師を目指しているならアメリカの大学はおすすめしません。**アメリカの大学で医師になるためには、学部生（プリメド）時代、メディカルスクール（大学院）に入るための激烈な競争を勝ち抜かないといけません。取る科目ですべてAを取らないといけないのでプレッシャーも相当ですし、そこに英語を母語としない日本人が割って入るのはかなり大変です。メンタルを病む学生もたくさんいます。それと比べたら、日本の高校生同士で医学部入学を競うほうがはるかに簡単です。

設備や教育カリキュラムの面でも日本の医学部のほうが充実しているケースが多いので、まずは日本で医師になって、そこから海外の医師免許を取る工夫なり、努力をしたほうがよっぽどいいです。

「日本の大学に入ってもグローバル教育が受けられないのではないか」という指摘もあるかもしれません。

しかし、日本の大学もそこは課題として認識しており、たとえば東大はＴＬＰと呼ばれる、英語と日本語と第２外国語で大学教育が受けられるプログラムを10年前くらいから提供しています。英語入試で上位10％だった語学力優秀な学生が対象です。慶應義塾にもまた、英語で大学教育を施すＰＥＡＲＬというプログラムがあります。こうしたプログラムがあることは意外と知られていないので、参考として記しておきます。

POINT

●理系なら日本の大学でも遜色はない。

●日本の大学でも英語授業を導入している学校はある。

Question 09

社会課題や国際情勢に目を向けてもらうために親はどんなことができるでしょう?

Answer

家庭での「意見交換」が効果的です

社会で活躍する大人に育てるという意味では、社会に対する不満を抱いたときに一方的に愚痴を言って被害者のように振舞う人間ではなく、「自分にできることはないか」「自分がリーダーならどうすべきなのか」といった当事者意識を持った大人に育ってほしいところです。

高校生や大学生にもなって社会課題や国際情勢にまったく興味を持たず、「目先の受験に受かればいい」「有名企業に入ればいい」「いまが楽しければいい」といった視野の狭い若者が日本には多すぎる気がします。

社会に積極的に関わる姿勢を育むために小学生時代にどんなことができるのかというと、基本となるのは家庭での日々の会話だと思っています。

子どもが小さいうちはテレビのニュースについて夫婦だけで話し合うことでも構いません。あるいは良質なドキュメンタリーを親子で観て、親御さんが感想を伝えることもいいでしょう。新聞や雑誌の記事について子どもが興味を持ったらその都度教えることも大切ですし、親御さん自身がボランティア活動や起業などを通して社会課題に取り組む姿を見せることも大きな影響を及ぼすはずです。

そうやって小さなころから刺激を与えてあげて、**子どもが自分なりの意見を持てる段階になったら、ぜひ親子で意見交換をしてみてください**。欧米の家庭でよく見られる「私はこう思うけど、あなたはどう思う？」というやり取りです。

それを「勉強目的」といった雰囲気で行うのではなく、当たり前のこととして習慣化することが理想です。最初は日本語でまったく構いません。

人の考え方や物事の見方は違うことを学ぶことに価値があるのです。

結局、社会課題に取り組むにしても、世界秩序に影響力を行使するにしても、あるいは会社員として出世を目指すにしても、異なる意見をぶつけ合って、いかに言葉の力で合意形成に至ることができるかが問われています。

いまの日本の教育で一番良くないと思っているのは、「相手の言うことを無条件に受け入れることが国際理解教育であり、多様性教育である」という誤解がはびこっていることです。

これは完全に誤りで、**「相手を尊重すること」と「相手の言うことを受け入れること」はまったくの別物です。**

相手を尊重するのは当たり前。意見や利害が違うのも当たり前。そのスタートラインにまず立てるかどうか。そしてそのスタートラインから、できるだけ平和的に解決に至ろうとする姿勢や技量を持っていることがグローバルエリートの最低条件だと思います。

もちろんその交渉は簡単ではなく、ときに丁々発止のやり取りも発生するでしょうし、交渉が決裂することもあるでしょう。それでもお互い合意できるところを模索して、そこを突破口にして対立を解消していくという姿勢は民主的な社会において絶対不可欠なことです。

ウクライナ侵攻、安倍元首相暗殺、フランスで起きた暴動など、**残念ながら現代でも対立を暴力で解決しようとする試みは繰り返されているわけですが、そういったニュースを観るたびに、私は「合意形成のスキルとしての英語」を学ばせる重要性を実感しています。**

英語という言語は、英国と米国という、近代世界で民主主義体制を発展させた政治体制で使われてきた言語です。英語でディスカッションやディベートの練習をするのは、ただ単に語学の練習としてそうしているだけでなく、民主主義の基礎として、合意形成の練習をしている側面もあるのです。

- まずは親が背中で見せる。
- 意見対立を平和的に解決する訓練が大切。

あとがき

最後までお読みいただきありがとうございました。小学生英語に関するみなさんの疑問はある程度解消できたでしょうか。

この本では「子どもファースト」「教育虐待反対」という観点からいまの日本の教育現場や子育て現場に対する問題提起を正直に書かせていただいたので、むしろ新たな悩みが生まれた方もいらっしゃるでしょう。気分を害された方もいらっしゃるかもしれませんが、それはあくまでも子どもたちのウェルビーイングのために書いたこと。

こうした態度は、「教育熱心」な方々には「ゆるい」とお叱りを受けることもあります。ただ、より長い目で、子どもが自主的に学び、大人になっても知的に成長し続ける人になるために、親御さんはどう伴走すべきか？　こうした問題意識に立って、真摯に私どもの経験をまとめさせていただきました。

教師や親が周囲からチヤホヤされるために教育があるわけではないこと、そして、教師や親が子どもに押し付けようとする教育観が必ずしも正解とは限らないことが伝わっていれば、この本を書いた価値があるというものです。

そもそも教育や子育てで大人が悩みを抱えていない状態は、当人の思考が凝り固まっている恐れがあり、むしろ危険かもしれません。子どもによって性格も特性も成長スピードもバラバラで、時代背景も刻々と移り変わり、社会で求められるスキルも変わっていきます。いまの時代、教育や子育てで悩むのは当然のこと。私たちの塾の講師たちも既存メソッドに安寧することなく、日々議論を交わし、改めるべきことは素直に改め、試行錯誤をしながら最適な教育方法を追い求め続けています。そしてその作業に終わりがないことも自覚しています。

最後に、本書の制作に携わっていただいた関係者のみなさんに感謝の言葉を述べたいと思います。

企画と編集担当をしていただいたのは株式会社アルク・信田康平さん。「親御さんの悩みを解決してあげたいんです！」と情熱的な売り込みをしてくれました。そして構成担当の郷和貴さん、デザインやＤＴＰ担当のツー・スリーのデザイナーさん、イラストレーターの横道逸太さん、くにともゆかりさんにも感謝を申し上げます。素晴らしい制作チームと仕事をすることができて幸いです。

執筆に不可欠な材料集めではＪＰＲＥＰの西村亜希、一宮亜沙子、小山明子、上谷真生、成瀬出、五十嵐悦子、齋藤あき、のみなさんにも協力を仰ぎました。みんなのおかげで素晴らしい本ができあがりました。ありがとう。

そして、なんといっても教育者としての私に毎日新しい気づきや刺激をくれるＪＰＲＥＰの生徒たち。これからも一緒に英語を楽しみましょう。

本書を通じて英語好きな子どもが一人でも増えることを願って、筆を置かせていただきます。

2024年3月14日　ＪＰＲＥＰ自由が丘校ＪＳｉｔｅにて

斉藤 淳

斉藤 淳（さいとう・じゅん）

J PREP代表。元イェール大学助教授。上智大学外国語学部英語学科卒業、イェール大学大学院政治学専攻博士課程修了。2012年にJ PREP 斉藤塾を起業。著書に『ほんとうに頭がよくなる 世界最高の子ども英語』（ダイヤモンド社）、『世界の非ネイティブエリートがやっている英語勉強法』（KADOKAWA）、『アメリカの大学生が学んでいる本物の教養』（SBクリエイティブ）などがある。

斉藤先生！

小学生からの英語教育、親は一体何をすればよいですか？

発行日　2024年4月23日（初版）

著者	斉藤 淳
編集	株式会社アルク出版編集部
構成	郷 和貴
制作協力	西村亜希、一宮亜沙子、小山明子、上谷真生、 成瀬出、五十嵐悦子、齋藤あき（J PREP）
校正	市川順子
デザイン	藤 星夏（TwoThree）
DTP	TwoThree
カバーイラスト	くにともゆかり
本文イラスト	横道逸太
印刷・製本	シナノ印刷株式会社
発行者	天野智之
発行所	株式会社アルク 〒102-0073 東京都千代田区九段北4-2-6　市ヶ谷ビル
Website	https://www.alc.co.jp/

落丁本、乱丁本は弊社にてお取り替えいたしております。
Webお問い合わせフォームにてご連絡ください。
https://www.alc.co.jp/inquiry/

Printed in Japan.　PC：7023040　ISBN：978-4-7574-4043-2

地球人ネットワークを創る

アルクのシンボル
「地球人マーク」です。